共同体の経済学

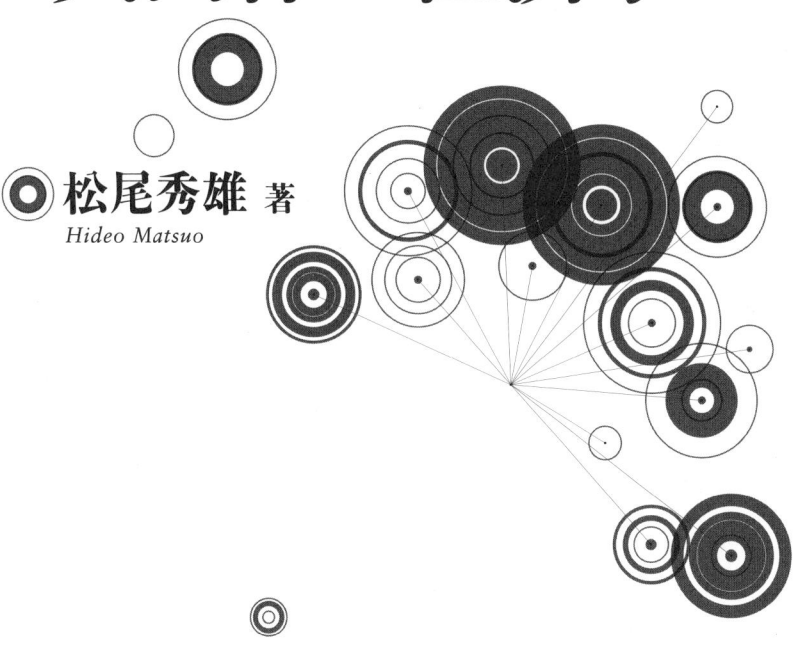

松尾秀雄 著
Hideo Matsuo

ナカニシヤ出版

はしがき

　学者の商売とは，なぜそうなのか，と考え続けることである。しかしながら，答えがでない場合が結構多い。私の経済学の師匠は，山口重克先生である。銀行理論・信用論のテーマだったと思うが，理論的な進歩がなくても，次々に論文が発表されると，先生は，「下手な考え，休むに似たり」とおっしゃっておられた。私の場合，共同体と市場の理論的架橋をテーマにしながら，その下手な考えさえ，休み休みやってきた。おかげで，出版計画が大幅に遅れて，ナカニシヤ出版の編集の皆さまから，学者としての信用を失墜させてしまった。申し訳なく思う。

　人間が金儲け行動をする本当の理由さえ，なぜそうなのか，と問うても，その答えが十全に説明できない。なぜなら，金儲けにまったく関心がなくても，資本主義のゲームにまったく無関心でも，この世で立派に生きる大勢の，いや多数派の人間が堂々と頑張って活躍しているからである。しかし，人間の道は，どんな場合でも死守している。その，人間の道とは，普遍的な真理だと思うが，恩義を忘れない，感謝を忘れない，思いやりと相互扶助と人間同士の共感の喜びだと思う。この共感と，自分の金儲けビヘイビアとの乖離をどのように解明すればいいのか，休み休み考えたのがこの 10 年の原稿の内容であり，この度，書物に纏めたいと思い立ち，加筆や修正をしながら，人間行動を分析する学問としての経済理論を開拓してきたつもりである。

　私のベースは，理想社会の追求である。どうすれば人間が幸福に生存を全うできるのか，どうすれば殺し合い，憎しみ合わない社会になるのか，考え始めたのが，1969 年の高校生の時代だった。そのときに，反戦青年委員会という新左翼の活動家から，レーニンを勉強するから自宅に来い，といわれて，マルクス主義のイロハを叩き込まれた。国家が消滅すれば理想社会になるんだと自分なりに結論を得た。これは，ある意味で，依然として生きていると思う。武装した共同体が国家である。共同体は人間の本質的な存在形態だか

ら，なくすことはできない。しかし，武装する理由はまずは，人間の自然界支配のために不可欠だったわけで，人間と自然は，たとえ熊が人間界を侵略しようと，武力で制圧する必要は必ずしもない。生態系を守りながら，調和と共存が可能な関係が模索されつつある。その武力を，他の人間の共同体との接点で使うのが戦争であり，国家は武装解除すると国家ではなくなる。しかし，接点での人間ビヘイビアには，いろいろあり，必ずしも憎しみ・排除・優劣の形成だけではない。人間は，相手を尊敬する方法もわきまえている。それは，礼義であり，ギブとテイクのコミュニケーションである。だが，当時のマルクス主義は，こんなことは微塵も教えてくれなかった。労働者が革命をやれば，社会主義になり，それで国家は階級消滅と同時に消えてなくなるんだと，非常に荒っぽい，ただ信じるしかないような理屈を叩き込まれた。話は，歴史的になってしまうが，日本の古代国家の女性指導者・卑弥呼は，中華帝国と戦争を回避する意思表示のために，大規模な贈与を実践したのである。この贈与が国際貿易の起源のひとつを形成するのであれば，贈与のネットワークをアジア共同体の内部で張り巡らせば，戦争回避の担保になりえよう。

　もうひとつ，理想社会の作り方を，高校時代の学習会で会得した。国家をなくす，これはレーニンが実践しそこなったから，われわれが後継者で頑張ろう，これはよい。問題は，貨幣だ。いま，世界恐慌が発生していると思われる。恐慌とは，自分の市場経済的な利益が一瞬にして消滅するのではないかという，恐怖心理に追い込まれた人間の市場ビヘイビアによってもたらされる。この説明でも，カネが人間を狂わせる，と教わった。カネがない社会はどんなに平和で穏やかな社会であるだろうか。これは，『ドイツ・イデオロギー』を読みながら，カネの存在を憎め，そのために理想社会を作ろうではないか，という脈絡で，革命運動の正当性の証明にもなった。カネがあるから，人間は盗むという倫理違反を平気でやるようになる。この場合，マルクス主義は，銀行券としての貨幣ではなく，貴金属としての貨幣を貨幣だと断定していた節が強い。それはともかく，貨幣は消滅する，なぜなら，生産力は必ず上昇して，必要以上の生活物資が豊富にあれば，貨幣の力を借りなくても，おたがいに争わずして，分配できる，という理論であった。

この貨幣については，貨幣さえなくなれば，貧富の差という概念も消える，人間界の不幸の大部分は，この貨幣に由来する，という説明で，カンボジアの革命指導者は，政権奪取後，カンボジアの中央銀行券をすべて回収して，衆人環視のもと，一挙に焼却したという。このニュースをリアルタイムで，新聞で読んだ私は，理論をそのまま実践するとは，このようなことか，社会は実験の試験管ではない，危険だと直感した。その後の研究では，貨幣をなくしたポル・ポト政権は，社会全体を強制労働・恐怖のガバナンスに叩き込んだそうだ。

　そこで，貨幣には，人間社会を融和する根本的メリットはないのか，と，下手な考えを休み休み，行なってきた。貨幣は，贈与の最適財である，つまり，人間が付き合うコミュニケーション・メソッドである，ゆえになくすわけにはいかない，というのが，本書で提起したかった問題である。近代経済学の人は，貨幣は自然発生の産物だとして，なくすということは想定してこなかったかもしれないが，プルードンが，所有の起源は盗みであると言ったから，所有をなくせばどうなるか，マルクスが，貨幣は市場の産物で，市場経済が消滅すれば自然消滅すると考えたら，貨幣がない人類社会はどんな経済なのか，マルクス派は哲学せざるをえなかったのである。

　私の結論は，釈迦のそれと同じである。極楽浄土は現世こそ極楽浄土なのだと。されば，金融恐慌はどう説明するのか，世界の憎悪連鎖はどう説明するのか。共同体が人間を拘束する負の側面はどう説明するのか。

　憎しみはコミュニケーションを試みれば，必ずや消滅するだろう。コミュニケーションとは，相手を敬い，ポトラッチ原則で誠心誠意，付き合うということである。私の子供時代,「械闘」が日常茶飯であった。一発殴られたら，十発殴り返せ，というのは，まさしく，負の贈与におけるポトラッチ原則である。これを実践したら，自分の生存が確保できない，殴られたくなければ，殴る，あるいは戦争のポトラッチ世界から距離を置くことだ，というのは，人間ならだれしも思い浮かべる解決方法である。そのためには，自己感情のコントロール方法が重要になる。毎日，暗いニュースがあとを絶たない。その原因は，私もそうだが，自分の欲望充足の最大化を追求することは，経済的な人間固有の権利だと，経済学の前提に置いたことと無縁ではない。自分

はしがき　　*iii*

の行為が負の贈与連鎖の起点になる場合が結構ある。経済学の今後は,「生き方としての経済理論」の研究にあるのかもしれない。

　市場と共同体は，その起源からして，調和的である。この命題を，人と人とは，ポトラッチ原則以外に「人の道」をもたない，という命題で説明したのが本書である。十年の間に，自分の考えが変化した部分がある。できるだけ整合するように試みたが，今回の著書は，あくまでも過去の論文の集大成プラス部分的な補筆であり，この「なぜか」の旅は，糖尿病という持病が私に許す限りの体力気力で，休み休み思考で，人類の社会の仕組み解明を主題に，継続していこうと思う。

　名城大学に職を得てから，幸い，25年を経過した。十分に面倒を見てやれなかったが，学生諸君に感謝したい。大学に感謝したい。この大学も共同体である。分析は現実の分析であって，それが理想かどうかではなく，れっきとした共同体である。原爆を体験したわが故郷・長崎に感謝したい。なによりも妻・尚子の努力に感謝したい。

　この書物を，尚子の母と私の母に捧げたい。そして，被爆の恨みを恨みとせずに生き抜いてきた無数の被爆者の魂に捧げたい。

　最後になったが，出版の労を引き受けられたナカニシヤ出版の津久井輝夫さんの忍耐に謝したい。最後に，私の学問の故郷である母校・東京大学の経済学部の教授スタッフ，とりわけ，山口重克先生・伊藤誠先生・小野英祐（2008年12月20日に永眠されたとの訃報に接した）先生・故侘美光彦先生に感謝したい。大内力先生のゼミでは，一年間の薫陶と学問的緊張感を味わった。櫻井毅先生や春田素夫先生の指導も受けさせてもらった。学部の山口ゼミや大学院のジョイント・ゼミで経済理論の諸論点を議論した楽しい経験を後世に伝達できればと思う。宇野派のパラダイムは自分では踏まえているつもりではあるが，自分の頭で考えよ，これが宇野派の魂だと信じる。

2008年12月2日
渡りの鳥が飛びゆく名古屋の白鳥橋のたもとにて

松尾秀雄

目 次

はしがき　*i*

第1章　共同体から市場への架橋 …………………… 3
　　　　　——市場の源流——

1　はじめに ……………………………………………… 3
　　——問題の設定をどのようにすべきか——
2　社会主義の編成原理と人間の行動様式 …………… 4
3　社会主義でも市場が消滅しなかった理由 ………… 9
4　行動様式における連続性と非連続性の共存 ……… 11
5　おわりに …………………………………………… 17

第2章　人間行動と共同体 ……………………………… 19

1　はじめに …………………………………………… 19
2　多原理理論の諸学説 ……………………………… 20
　　——単一原説から多原理理論への転回——
3　冒頭商品論の転回 ………………………………… 25
　　——市場の起源と商品の起源——
4　搾取論の転回 ……………………………………… 29
　　——階級社会論から共同体社会論へ——
5　おわりに …………………………………………… 33

第3章　ギブとテイクの人間社会 ……………………… 35

1　はじめに ……………………………………………………… 35
2　個人と共同体 ………………………………………………… 41
3　アダム・スミスの交換性向と経済学の
　　前提としての個人 …………………………………………… 51
4　フェアケールの拡大としての人類の発展理論 …………… 58
　　――『ドイツイデオロギー』の検討――
5　マルクス理論における個人と共同体 ……………………… 61

第4章　剰余と必要 ……………………………………… 68

1　はじめに ……………………………………………………… 68
2　マルクスの労働日概念における剰余と必要 ……………… 71
3　宇野弘蔵の理論における剰余と必要の把握方法 ………… 76
4　山口重克の問題提起 ………………………………………… 80
　　――剰余の必要化という認識をめぐって――
5　おわりに ……………………………………………………… 86

第5章　商品と共同体 …………………………………… 89

1　はじめに ……………………………………………………… 89
2　現実の経済と理論上の経済の乖離 ………………………… 92
3　冒頭規定の商品概念と「純粋資本主義」批判 …………… 95
4　「内面化論」という抽象作用について …………………… 96
5　労働力の商品化の無理について …………………………… 101

6　おわりに …………………………………………………… 104

第6章　貨幣と共同体 …………………………………… 105

　　1　はじめに …………………………………………………… 105
　　　　――問題の所在――
　　2　マルクスの貨幣理論の考察 ……………………………… 106
　　3　ハリスの貨幣起源論の検討 ……………………………… 110
　　4　おわりに …………………………………………………… 112
　　　　――共同体内部の個人間における普遍的贈与手段としての
　　　　　貨幣――

第7章　資本と共同体 …………………………………… 114

　　1　はじめに …………………………………………………… 114
　　　　――社会における個人と集団――
　　2　マルクスの見解の検討 …………………………………… 117
　　　　――株式会社の社会性と私的所有の問題――
　　3　マルクスの見解の検討 …………………………………… 125
　　　　――協同組合の新しい社会に対する可能性――
　　4　おわりに …………………………………………………… 131
　　　　――人間の行動と企業共同体――

　　　　　　　　　　　　　　＊

注　　　135

参考文献　　　150

人名索引　　　153

事項索引　　　154

初出一覧

共同体の経済学

第1章　共同体から市場への架橋
　　　——市場の源流——

1　はじめに
　　——問題の設定をどのようにすべきか——

　資本主義[1]という概念は，実に多くの思想的・時代的背景にはぐくまれ，成長してきた。しかし，多くの論者の共通の構えは，商品経済の原理が支配的となった近代の機械制大工業の時代を資本主義という特殊な時代であると把握し，そこに欠陥を多く抱え込んだ忌まわしい社会として，これをば，批判すべき対象としての社会概念として定着させてきたようである[2]。したがって，このような資本主義の社会を批判し，あらたに，次の時代の理想社会を構想し，模索しようとするとき，そのときどきの時代背景のありようによって，どのように資本主義批判を展開するかという点においては，さまざまに変遷したというのもまた事実である[3]。
　だが，硬直したイデオロギー対立がひとまず終焉した現代においては，商品経済に対する原理原則の観点から批判をして，商品経済を否定したところから次の社会のイメージを構想するという原理的な社会主義へのアプローチは，影を潜めつつあるように見える。そうではなくて，現在では，多くの論者から，市場社会主義の構想や提案が提起されるようになってきた。市場が見直されてきたのである。その理由を理論の次元で問わねばなるまい。すな

わち，なぜ，商品経済的な原理を排除して社会主義の理想社会が構築されねばならないとした従来型の社会主義理論が放棄されるにいたったのか，についての理論レベルでの考察が必要なのである。本章は，人間行動を歴史的視野で総括するという視座から，この問題を課題とする。この場合の理論とは，社会の本質は，人間の行動様式で決定されるという，行動理論としての経済学の基礎理論構築の立場である。人間行動を原理として把握するという，行動論的アプローチの方法に立脚して，資本主義の特殊性といわれる問題を考究してみたい。

さらに，課題を別の角度から表現すれば生産手段の国有化ないし公有化を軸に，社会全体の社会主義的計画経済という，従来型の構想としての社会主義社会構想の欠点は，何だったのかを総括することが緊急の課題である。マルクス主義は，どの命題がどのような理由で限界を有していたのか，真摯に振り返り，反省しなければ時代を牽引する前進の契機が保持できないのはいうまでもない。その際には，人類の歴史的遺産としての社会主義建設の経験は貴重である。言い換えれば，数学的数量分析に依存しないで，歴史的な思考実験を蓄積させつつ前進しなければならないマルクス経済学の宿命は，現状ないしは過去の豊富な社会主義建設の分析と反省を抜きにして，経済学とりわけマルクスの主張に立脚する経済学としての新地平への脱皮はありえないであろう[4]。

2　社会主義の編成原理と人間の行動様式

社会主義の基本は，人々が相互扶助原則に基づき，社会的な生活・生産の集団で，労働し，生産・分配・消費を行なう社会的理想の実現，ということになろう。そのとき，何らかの意味で，共同体が人間生活の基本たりえなければならず，個人的な私利私欲の追求や，個人単位での政治活動や経済活動は，厳格に規制されるという発想に基づいて，人間の行動様式を集団依存型原理に純粋化しようと方向づけされてきたといえる。

フランス革命に象徴される近代市民社会の思想的統合のシンボルは，いうまでもなく，自由・平等・友愛（博愛）である。そのとき，友愛という問題

をひとまず棚上げして，自由と平等が，仮に二者択一の場合，どちらの原理が優先するかと問題を立てれば，いうまでもなく，社会的な平等が個人的自由に優先する．そのような社会こそ理想として，構築されねばならない，と考えられて，社会主義の壮大な実験と実践が試みられてきた．

貨幣の役割の再考

そのような時代背景を経て，われわれにとって，過去の歴史を振り返っての教訓は，いくつか総括できるであろう．

たとえば，人民公社のアウタルキー的分業の共同体を構築する試みや，農業は大寨(タイサイ)に学ぶというような人海戦術的集団労働や，ポル・ポトのカンボジア社会主義の壮大な実験は，集団労働による社会的強制的生産と，商品経済の象徴としての貨幣の制度的な廃絶の実験であった．集団労働は，他の社会主義諸国の実践でも多く見られたが，直接的な貨幣廃絶の実践は，ポルポト的社会主義を措いてほかにない．しかし，貨幣のない社会に甘んじえた時間は，ほんの一瞬であった．

これは，何を意味するのか．貨幣こそ共同体の経済活動における求心力を形成する鍵であるという事実ではなかったのか．たとえば，地域通貨やコミュニティ通貨の理論は，貨幣なき社会主義論の対極の，貨幣を結合軸とした新たな社会主義論の登場の基礎理論的意味を持たないか．共同体ごとに独自のシンボルとしての貨幣を生み出しているという事実は何を物語っているのか．

人類の社会は，太古の昔から，人間同士の交流は，富や貨幣的な財を中心に形成されてきた．これが現実であるならば，流通形態の特殊性を強調して，流通なき生産実体のみの社会を経済原則として理論的に抽象化し，形態を排除した社会主義の経済原則であるはずだと理解してきた，マルクス的，ないしは，宇野弘蔵的な従来の理論的基礎とは何であったのか．疑問は深まるばかりである．

階級対立の理論の無力化

もうひとつ，社会主義理論の基礎になった，階級対立の理論が，資本主義

第1章　共同体から市場への架橋　5

分析でも，社会主義構築でも，無力なテーゼに堕してしまったのには，どのような内在的理由が潜んでいるのであろうか。階級闘争のその果てには，またあらたな階級闘争が控えていて，人類はなかなか闘争の循環から脱却できないでいる。階級を無くすということは，一見するともっともで，簡単な社会改良に思えるのだが，そこに根本の陥穽が潜んでいる。

階級とはなにか。階級とは，序列意識なり序列の秩序ではないのか。

まだ，充分な論点を汲みつくせないが，共同体の内部に普遍的に存在する序列が，社会全体の階級概念の基礎にあるという論点を提起して，読者の批判を待ちたいと思う。

共同体という人間生活の基礎集団には必ず何らかの意味で序列としての共同体秩序が存在する。

ポパー流の反証可能性からいえば，序列が一切ないような共同体の具体的例示が存在すれば，仮説は逆転する。しかし，序列のない人間の集団はおそらくないであろう。あるいは，分化なり分業のない集団はないといってよい。このように，階級という視点を，普遍的な共同体内部の序列的関係として理解したい。双子の兄弟でも，家庭内での序列を明確にしたいという人間本能が作用する。横の序列の集団を，同じ階級の集団と位置づけることが可能である。このように，本章の立場として，共同体と階級を関連付けて理解したい。

人類の歴史は，階級闘争の歴史であった，というのは，原始共産制の時代が存在したか否かの議論を別にすれば，ある意味で正しい。人類は，序列や支配の優劣をめぐって，はてしなく競争状況を繰り返してきたし，その序列をめぐる競争は人類の生きるエネルギーそのものなのかも知れないからである。

しかし，人類の後半の歴史は，無階級社会の建設だ，と主張し，いくら理想を説いてみても，その先には，階級しか存在しないような，息苦しい中央集権的集団管理を優先するセントラル・コミッティ型社会主義しか誕生しないという，厳然たる逆説の現実が横たわっている。それはなぜか。

この，なぜを議論するなかで，人間[5]の行動様式なり，人間の行動類型，あるいは人間の行動原理としての別の側面，すなわち経済学の原理は何を公準

にして展開が可能なのか，新たなる地平が見えてくるだろう。競争の起源がなんであるのか，なぜ集団内部で，競い合わなければならないのか。友愛と同時に，敵対の関係が発生するのはなぜなのか。経済学の常識では解明できない疑問ばかりである。

市場社会主義

この，階級理論としてのマルクス主義の存在意義の問題を考察する核心部分のひとつが，市場社会主義理論の提唱者でさえ，商品と貨幣の市場を構想して，市場社会主義だと想定しているという事実にあるように思える。たとえば，協同組合の思想とか，地域通貨の思想では，資本の存在が拒否される。利潤追求の資本の運動を社会主義のなかに許容しないという，無意識の理論的スタンスは各論者に共通であるようである。要するに，核心部分の考え方とは，交換は許せる，しかし，金儲けは許せない。このとき，人間の行動原理に主観的な評価が介在してしまうのである。糾弾する以前に，理論家は，金儲けビヘイビアの理論的起源を説明してみせなければならないだろう。

人間には，交換活動という行動様式のほかに，さまざまな行動様式があって，利潤追求・金儲けの行動様式の側面もあるのであり，交換を行なう市場は市場社会主義的社会であるが，利潤を追求する市場は資本主義的であり，ゆえに，社会主義的カテゴリーではないという理解が，ひろく存在するものと思われる。

だが，人類が熱中できたのは，勝ち負けのはっきりしたゲームではなかったのか。競争ゲーム以外に活動の継続性を担保できるような行為の契機は存在しない。競争もそうである。スポーツでのゲームの勝負もそうである。コンピュータ・ゲームも，株式売買のゲームも，すべて人間を極限まで奮い立たせるエネルギーを惹起する。なぜ人間行為のなかで，ゲーム的競争や勝負に没頭する必然性が存在するのか，理由はそれ以上わからない。しかし，自分の名誉に関することになると，人は本気で努力するものなのである。

中央集権の破綻と市場の成功

問題を社会主義の構想に戻そう。たとえば，階級社会論の視点ではなく，

人間の主体的な交流・交換・コミュニケーションの場の設定を，地域通貨の導入や，他者に対する憐憫の情感，あるいは，ボランティアや環境問題や相互扶助などを機軸にして構想しようという興味深い試みがいくつも提起され，実践されつつある。その論点はいずれも説得的である。しかも，社会の改良改善は，人間同士のあらたなコミュニケーション関係の再構築にかかっているという立場から，協同組合の形成や連帯を基礎とする交易を構築し，それによるところの公益の追求は賛成するところではある。しかし，経済学は，思想を超えて思考を実践しなければならない。なぜ中央集権が破綻し，市場が成功するのかと。

　西部忠は，優秀な経済理論家であると同時に，社会改革にも強い興味を示している。彼は，地域通貨の実践例を紹介した「グローカル通貨「Q」——オルタナティブな市場経済のためのカウンター・メディア」を発表し，次のように叙述した。

> グローバリゼーションそのものに，なにか資本主義経済の新たな変化があるようにも思えない。むしろ，それは情報化を伴ってはいるが，資本主義経済の地球規模での拡大であり，さらなる加速であるにすぎない。経済や金融の不安定性，景気変動に伴う倒産や失業，貧富の格差の拡大，環境破壊と消費生活の画一化，コミュニティの崩壊にともなうコミュニケーションと倫理の危機……こうした種々の問題が生じているのは，資本主義の短所が改めて目に見える形で露わになってきたからではないか。これらを解決するには，市場社会そのものを否定するのではなく，市場のプラス面を継承しつつマイナス面を克服するような新たな市場社会を構想すべきである。（西部 2004：62）

　この主張の眼目は，市場のプラスの側面とマイナスの側面の両面の存在に着眼したところであり，社会改革の筋道に市場が有効であるとするところにある。グローバルな資本主義の問題はさしあたり，ここでは考察の対象外とする。

　しかし，プラス側面がなぜプラスであり，マイナス側面がなぜマイナスな

のかについては，理論的な踏み込みを十分になしえているとは思われない。評価は最後に下すものなのであって，とことんまで理論を詰めてみなければならない。

　この試論的考察では，貨幣を資本への連続性において把握し，資本家的な行動様式の起源は貨幣存在そのものに存すると理解すべきなのか，そうではないのか，考えてみたいのである。さらには，資本をもたらすような競争的な行動様式と，交換を単純に追求するコミュニケーション的な行動様式との間には，非連続な断絶が存在しているのか，探ることを課題としたい。結論を急げば急ぐほど，この考察には枝葉末節であるかに見えて，実は，本質の部分であった，というような見落としが不可避であるかも知れない。さらには，自分たちの独自な貨幣流通によるコミュニティの創造というオルタナティブの提唱に見られるような，理想論の根拠がどこにあるのかを探ることも重要な課題である。

3　社会主義でも市場が消滅しなかった理由

市場の排除の試み

　現代の中国が，社会主義という制度を維持しつつ，資本主義的な市場経済を導入している，という主張は陳腐に聞こえる。しかし，これは決して陳腐な取り合わせではない。しかも，従来の資本主義・社会主義のせめぎあいという構図を前提にしては，正しい解は導けない。社会主義のなかの資本主義，という把握でも，何も理解したことにはならない。市場が人間の行動様式の基礎のひとつであるという，本質的な人間コミュニケーション様式の行動原理に由来する現象として理解して初めて，本質に迫りうる現象なのである。

　社会主義というのは，人間の科学的理性の絶対性から誕生した，人工的社会構築の揺るぎ無い自信を背景にするものであった[6]。その科学的な理性は，自然を支配したのは人類の英知なのであるから，人類自身の理想社会を設計するのもまた，神の領域に到達した人類の英知なのだという近代西洋のあふれるばかりの知識人の自信が根底に横たわっている。また，この自信は，マルクスの経済理論の科学であるという自負にもよっている。

社会主義の時代背景は，高度に発展した爆発的生産力の社会の到来を資本主義の本質であると把握する，マルクスの経済学の『資本論』による完成そのものに象徴されるといえよう。人類は，生産力というプロメテウスの魔法の火を獲得した。あとは，それをどう使いこなすかという人類の知恵の領域に属する，と。

　資本主義を構成するのは，市場の原理，商品経済の原理，自己の満足最大を追求する原理，利潤最大化を希求する資本の原理，要するに，人間の行動に即して表現すれば，自己の欲望を充足するために，商品と商品とを交換し，連続的に，安く買って高く売る商人的な売買差額を追求する資本家の行動様式に発展・派生してゆく行動原理のみであるとする考え方が，基本なのであった。その原理でもって，一社会としての純粋資本主義が構築されるという理解が，科学的把握だと確信されてきたのである。しかし，どのように社会主義をつくるかというと，自分たちにふさわしい共同体を構築するのだという目的とともに，市場を排除した社会を構築するのだ，という肯定的な共同体建設の目的意識性と，資本主義をもたらす市場を廃棄するのだという否定的な目的意識性の，ふたつの目的意識のハーモニーとしての社会主義を建設しようと，先人たちは，最大限の努力を傾けてきたのである。けれども，結果は無残なものであって，この理論のどこかが致命的な欠陥を内包していた，ということになる。プロメテウスの火は，無残にも社会主義者の手によって，消されてしまったのである。

自由市場の不可欠性

　どこかが間違いであった。間違いが存在したのは間違いない。しかし，どこが違うのかは，空理空論で論ずることは無益である。事実を見ることから始めなければならない。現実の社会主義は，自分たちにふさわしい人民公社をつくろうとして，それはそれで見事に成功した。理想の共同体は，人間がつくりたいと思ったとおりに建設できたのである。自分たちのコルホーズをつくろうとして，それも成功するのである。中央集権の政治と経済をつくろうとして，強固な前衛党をつくろうとして，それも成功するのである。共同体はその構成員が合意すれば，どのような共同体でも，自分たちの意図通り

に，さしあたりは，構築できた。ただひとつ，雑草のように，刈り取っても，刈り取っても，つぎつぎと叢生してくるものがあった。それが市場であった。つまり，自由な交換あるいは自由市場であった。自主的な交換の衝動は，禁止して禁止出来るような性格のものではなかったのだ。同様に，個人的契機の経済活動への熱中も禁止して禁止しきれるものではなかった。

　これが，市場を弾圧しようとした社会主義の失敗の本源的な起源ではなかっただろうか。中国は，市場での個人的行動様式を保護しなければ，人々は継続しては動かない，という本質をつかんだのだ。国家の権力は，市場を弾圧する政策から，市場を優遇し，保護する政策へと舵を切った。このさい，社会主義の看板はどうでもよかったのだ。人々が経済の活動を行なえば，人々は豊かな生活を享受できるのである。もちろん，個人の手腕の差異は貧富の差異を拡大するかもしれない。しかし，最低限でも，経済の活動を各自が全身全霊で実践すればよいのである。そのときに，経済の活動は，貨幣の求心力が必要であった。換言すれば，豊かになりたいという人々の欲求を解き放つことが必要なのであった。この場合，交換ビヘイビアは，利潤追求ビヘイビアへと，無条件に連続して発展したように思える。このふたつの行動原則のあいだに，断絶ではなく，連続しか存在しないようにも思えるのである[7]。そして，最後は人々は，家族のために頑張るという家族共同体に帰依するのである。

4　行動様式における連続性と非連続性の共存

労働における疎外の回復

　宇野弘蔵の理論的な後継者は豊富である。ほとんどの後継者的論者は，ともに，資本主義・社会主義的対立構図のイデオロギーを前提に，理論的方法を構築しているわけであり，労働者の主体的解放・主体性の回復を社会主義のメルクマールにしている傾向があるのだが，資本主義でも，実際の労働は，労働者の主体性の実現を抜きにしては語れない。それでは，搾取される労働者に，主体性は確保されているのか。

　もし，過酷な資本主義的生産過程の只中でも，労働者の主体性は実現して

いる，と理解するならば，労働疎外の回復としての社会主義という構図は，根本から瓦解するかもしれないのである。

周知のように，宇野理論の原理をめぐっては，純粋資本主義論か世界資本主義論か，という対立軸が存在している。論争は，必ずしも明確な決着を見たわけではないが，この論争から学びうる論点は存在する。

商品経済の由来と同じく，労働における疎外の回復は，社会主義を構想する上でも，重要な論点であることには相違ない。そこで，世界資本主義論という原理論の方法論が，純粋資本主義社会を想定した経済理論への批判として，影響力を有した時代背景と，世界資本主義論の意義と限界について，考察を加えたい。

労働者の人間としての主体性

侘美光彦[8]は，「換言すれば，資本主義的生産過程の内部においても，どうしても商品経済化しえない部分が残されている点が重要なのである」(侘美 1980：164) と述べる。その主張は，経済理論の内部に，商品経済的な要因ではない何かを，なんらかの方法でもって反映させたい，その方法が「内面化」ではないか，というものであった。

さらに，侘美は，もっと興味深い論点をも提示する。商品は，どこに起源を有するのか，という問題に関連する問題意識を指し示すのである。どこから生まれたかが判ると，どこに行くのかについても，洞察できるからである。

> いうまでもなく，冒頭商品において生産過程が捨象されるといっても，それは，生産そのものが存在しなくなることを意味しているのではない。生産を前提としない商品など原則として存在しないことは明らかだからである。したがって生産過程を捨象するということは，その商品の生産過程が存在することを当然のこととして前提しつつも，それの具体的な生産のされ方，すなわち具体的な生産関係が捨象されることを意味している。だから，かりに資本主義的商品そのものをとりだして，その具体的な生産のされ方，すなわちその生産関係自体を捨象したとすると，そのようにして抽象された商品は，結果的には，それ自身のみをみても，

資本主義的商品であるかどうかわからない商品，すなわち商品形態一般に抽象化されざるをえないのである。(侘美 1980：164)

　冒頭商品規定が，資本主義的商品を想定したものか，いわゆる単純商品を想定したものか，という議論においては，資本主義的生産の産物としての商品であっても，そうでない生産様式の生産の産物であっても，商品としての区別はどこにもない，という形態としての抽象性が指摘されるのである。この論点は，非常に興味のある議論であって，商品の特殊歴史性に立脚する非連続の方法を反省する素材になりうると思う。もうひとつ，生産過程で労働者は，資本家の指揮監督下で単純労働を展開するのであるが，そこに疎外ではなく，主体性の片鱗が存在するかどうか，侘美は次のように分析するのである。

　　たしかに，資本主義的生産様式は，労働力商品の売買をとおして生産過程の前後を商品化し，生産過程を商品形態によっておおい，それを資本の運動の内部にとりこむ形になっている。また，生産過程そのものについても，たしかに機械体系の確立によって労働力の物化が促進され，労働者の資本への従属が進展する。だが，その生産過程は，労働者が対象に主体的に働きかけ，またその対象が他の人間労働を前提としたものである，という労働生産過程の一般的性格を完全には喪失するものではないことに，注意されねばならないであろう。(侘美 1980：164-165)

　このように，侘美は，資本主義的な生産過程の内部でも，機械体系が確立したとしても，労働者の人間としての主体性が労働という人間行動の基礎にあると述べ，その労働は，あらゆる社会に共通の労働生産過程のそれであって，特殊商品経済的・特殊資本主義的なそれではない，というのである。

共同体と階級
　いったい，資本主義の核心はどこにあるのか。工場の外では，労働者と資本家の，労働力商品の売買が行なわれているようにも見える。マルクスは，

売り手と買い手が対等に市場で交渉するのであるから，形式的な平等が両者の間に存在すると分析してみせる。しかし，資本主義は，一面では，厳然とした階級社会であるという。その階級社会の支配・被支配の関係は，工場の内部の，労働者支配にあるという。しかし，侘美は，その工場の内部で，労働者は主体性を維持しているのだという。階級とは何か。支配とは何か。主体性とは何か。そして，商品経済の部分性とは，経済理論にどのように反映されるのか。

企業を共同体の一種とする見方は，この階級社会性と労働者の主体性の関係を理解に導いてくれるのではなかろうか。企業が共同体の一種であるという考え方は，共同体に主観的評価を混在させなければ，かなり市民権を獲得しつつあるようである。

階級社会論はマルクス経済学の基礎であった。しかし，結論から先に言うと，階級は，どのような社会にも存在する。厳密に言うと，社会に存在するのは，語義が示しているように，ソシエテであり，またカンパリ（英語としてはカンパニー）であり，仲間としての連帯意識であり，仲間集団が社会概念にほかならない。さらにいえば，社会とは共同体の別称でもある。正確に言えば，社会という大枠のなかに，幾重にも，入れ籠の構造の共同体が重層的に連鎖している。会社のなかにいくつもの部局構造が存在しているようなものである。その共同体の内部に存在するのが，階級という概念である。階級という概念は，どのような共同体にも存在する，共同体内部の序列を示す概念である。念のために言えば，共同体は人類だけの専売特許ではない。また，序列の構造をもつ共同体も，人類の共同体の専売特許でもない。サルの共同体の行動原理を観察すれば理解できるであろう。

このように把握しなければ，マルクスの階級概念は，社会主義・資本主義の両方の社会を分析する道具としての理論たりえない。いや，社会主義や資本主義の概念もそのままでは神通力を喪失してしまいかねないのである。問題は，人間がどのような行動をどのような順番で制度化するかの一点にかかっている。

たとえば，企業のなかに，人間の集団性や組織性が明確に出るほど大きな共同体があるとすれば，同じ序列の内部に複数の人間が所属する。それが階

級である。平社員は平社員の階級序列に属しているのである。これにたいして，身内というのは，自分の分際がどこら辺にあるのかを意識すれば，身分概念となる。したがって，序列が固定的な序列であって，そこでの世代の再生産があるのであれば，身分の形成に繋がる。これは，ひとつの社会や都市・国家などの，広域共同体の階級序列といってもよい。貴族という階級序列が存在した歴史もあれば，奴隷という階級序列が固定化された共同体も存在した。この点では，上下関係や序列は，人間集団であれば，絶えず，それを他人との競い合いビヘイビアで確認するのであり，意識として，必然的に出てくるものなのである。すなわち，序列があるから名誉の観念も芽生え，実力を競争で決着しようとゲーム的競争行動の原理が誕生するのである。

人間の普遍的な行動様式

私の過去のいくつかの論稿において，賃銀労働者であってもそれは，資本家の助手である，という意味合いのことを，主張してきたが[9]，もし現実の資本主義社会の実体がそうであれば，社会主義を目指した革命を起こしたところで，共同体の序列が消滅するわけはないというのは，両社会とも同様ということになる。社会主義にも，ゆるいコミュニティにも，兄弟のあいだにも，およそひととひとが出会えば，どちらが優位でどちらが劣位かを，決着をつけなければ気がすまないというような，人間の共同体に由来する競争関係と意識が存在するのではなかろうか。また人間に上下関係の序列が明確にあるからこそ，人間は安心して共同体を組めるという側面が生まれ出るのではなかろうか。

革命の必要性が，利潤をめぐる競争の廃止以外にないのだという観点から合理化されるとすれば，その競争ビヘイビアそのものは抑制される結果となろう。しかし，人間の交換ビヘイビアは，競争要因なり利潤誘因を導入しなければ活性化しないというのは，中国の社会主義市場経済が利潤誘因で急成長したという観察結果を見るまでもなく，真理であるといえることではないだろうか。人間の行動様式は，共同体から一貫して連続しているとすれば，マルクス主義的な唯物史観や社会発展説には背くかもしれないが，太古の昔からの行動原理としての刷り込まれたルールが人間の意識を規定し，人間は

そこから自由になれないわけである。共同体とその共同体の内外で、人間が交易する、交流する、コミュニケートするという構造が形成されるわけである。

人間の精神は、歴史的に形成されて、進化・発展を遂げて複雑になってきただけであって、基本の構造は、贈与だったり、共感だったり、競争だったりで、人間精神は普遍性を帯びている。共同体と、その周辺部の市場という基礎構造でもって、われわれの生きてきたあまたの社会構造の基幹部分に共通する岩盤が見て取れるわけである。

このように分析を進めることに、論理上の飛躍があるかもしれないが、事実に対する迫真性と説得力が何がしかでもあるとすれば、従来の社会科学が歴史法則として信奉してきたような、社会主義・資本主義・封建主義などの革命的発展説は、無用になるのではないか。しかし、共同体の内部のあり方や人間の行動様式には、程度の差こそあれ、依然として、非連続の発展部分なり、場合の変化に対応した行動様式のジャンプも存在し、その意味での発展段階区分は意味をもつと思われる。ただし、人間の行動を観察した結果としての、行動原理的論理展開でなければ恣意性を排除できない、というのが私の立論の基礎的方法論なのである。

ここまでいえば、その体系を説明するような理論を提起しなければなるまい。従来の議論のどこに、贈与や名誉や競争意識が関与するのか、体系はどのように変貌するのか、と。しかしながら、私の研究は実に微力なものであり、残念であるが、宇野やマルクスが、商品から開始したような、自立と循環の構造を証明したような原理の体系を未だ提示できない。現時点ではしかし、方法論としては、人間の行動を観察することで、理論を豊かにすることができるというだけである。困難は多々ある。でも、人間が何をよりどころにして、どのように行為を展開するかは、多くの観察結果や観察材料があるわけであり、可能性は無限である。とりあえずは、何が基礎の行動原理で、何が派生的な、亜種としての行動原理かを順序立ててやるだけで、その観察結果としての原理展開が可能だと思われるのである。

今後は、宇野弘蔵の経済原論を基礎に、その精緻化を図り、完成度を向上させた、山口重克の経済原論[10]の体系において、どこがどのように修正され

るべきなのか，具体的な理論体系全体の精緻化にむけて，社会学や人類学，哲学や行動心理学などの学問成果を融合させつつ，行動原理としての経済理論を完成させることが，研究課題として重要になろう。

5　おわりに

　競争的な人間行動はどこから生まれたのか。共同体を形成する人間の行動様式なり，コミュニケーション様式はどこから生まれたのか。なぜ資本家は，最大限利潤を追求する存在なのか。貨幣の本質とは何か。友愛を基礎とするような共同体では，序列はないのではないか。ジェンダーは階級なのか身分なのか，それ以外の何かであるのか。
　この問題へアプローチする場合のヒントは，人類学の研究成果にあるかもしれない[11]。
　交換を行なうのは，贈与が存在するから，その反対贈与が必然化し，贈与交換となる。そこに，時間の概念が入り込み，すぐに反対贈与を行なう制度として，つまり，贈与交換を早めに完結させる制度として，市場が要請された。贈与は本来，共同体を形成する儀式の要素をもつ。しかし，人間は，贈与される財やサービスで欲望を充足する動物でもあるから，他人とのコミュニケーションを希薄化して，財やサービスのもつ使用価値の方に興味がある場合には，条件提示型の贈与交換を工夫する。その行為の場の概念が，人々が集う市場なのである。
　競争の起源は，幾重にも説明される。ひとつは，名誉の観念である。その名誉の観念は，他者よりも優位に立ちたいという行動原理に由来する。ポトラッチが贈与を媒介にした競争ゲームとして，人類の行動様式を決定する。決定するというよりも，行為を規定する原理として，埋め込まれているようでもある。決闘をするという行動様式を競争の起源であるとする説明も存在する。担保の提供が，勝負の申し出であるという説明もある。資本家が利潤を追求するのも，商品を提供しながら，他面では，名誉を追求しているとも言える。環境問題を率先して実践する資本家なり企業は，共同体のなかでの自分の評判を行動基準に設定しているからである。

今後は，経済学は，人間行動分析理論を提供するばかりでなく，生き方の指針，道徳哲学的存在に変身してゆかねばならない，という方向性で，研究をまとめてみたい。

第2章　人間行動と共同体

1　はじめに

　経済学とは人間およびその集団としての社会を科学的研究ないし分析の関心の対象とする学問である。しかしいうまでもなく，人間を自然科学の対象とするのは医学や生物学などの研究分野なのであって，それらは経済学とはいわない。どこが自然科学と社会科学の分岐になるのであろうか。人間をモノとして分析しようというのが，自然科学としての人間学ではないだろうか。それに対して，人間が何を思い，どのように行動するのかを分析するのが人間行動学ないし社会構造学としての経済学ではないだろうか。そして不幸なことには，自然科学においても社会科学においても強固な既成学問の枠組みないしパラダイムが幾重にも構築されてしまっており，学問の方法を拡大したり変更したりする努力はそのパイオニアとしての宿命なのだが，相当の抵抗を受けることになるのである。このような経済学そのものの枠組みの組み替え要求は，なぜに発生したのか。その答えは経済学の対象を自らあまりにも狭く設定してきたからではないかと思う。純粋資本主義が経済学の原理論の分析対象だと設定したことは，やはり自己限定の例であったろう。また，市場の学問が経済学であり，共同体の学問は社会学の範疇に属するなどと，あまりにも安易に社会科学を固定化・専業化・分業化しすぎた結果，肝心要

の人間の学問というトータルな社会科学としての本質探求を忘却することになったのでないか。なぜこのような疑問を出すかと言えば，社会を科学することは，人間存在の謎を解くことであると思うからである。

　純粋な状態を想定しなければ純粋な理論的法則は発見されない。これは一面では真理である。そして厳密な科学の模範である物理学の方法でもある。しかし，そこには無理が存在する。現実が不純な状態で混沌としているからといって，現実を無視しては，理論と現実の乖離が発生してしまうのではないか，という疑問がどうしても残るのである。

　本章では，人間の本質理解の切り口の有効なアプローチは人間と人間の接し方ないしコミュニケーションの仕方を分析することであると着眼する。市場でも，市場以外の場でも人間は接触する。市場以外の場とは共同体としての人間集団の場ではないだろうか。だがしかし，市場の原理と非市場の多様な原理というように，近年の経済理論は，多原理社会という理解に向かいつつあるようにも思われる。この論文の課題は，したがって，現代の混沌かつ錯綜した社会理論として，多原理性の社会把握がはらむ問題点を抉り出し，多原理ではない原理像を共同体基盤の人間行動論から導きだして見せることである。

2　多原理理論の諸学説
―― 単一原理説から多原理理論への転回 ――

フェルナン・ブローデルの理論

　ブローデルの理論は，人間の経済活動の緻密な観察から導き出された。その歴史研究の帰結は，社会の複雑な側面をいくつかの重層的な構造に分けて，多原理的に把握しようとした。したがって，彼の理論も多原理把握の方向性をもち，かつ，純粋資本主義ないし新古典的伝統に馴染んできた一原理論の思考様式を反省させる内容を含む。

　じつは，19世紀以前における観察可能の現実ははるかに複雑だったのである。もちろん，ひとすじの進化を辿ること，むしろいくすじもの進化

が，たがいに立ち向かい，支えあい，さらにまた矛盾相克してきたさまを辿ってゆくことができる。とりもなおさず，ひとつの経済ではなく，いくつもの経済があるのを認めることができる。ほかの諸経済をさしおいて好んで記述されるのは，いわゆる市場経済である。その意味するところは，農村活動・屋台店・工房ないしは作業場・商店・取引所・銀行・大市，そして当然ながら市と結びついた，生産および交換のメカニズムということである。まさしくこれらの明瞭で〈透明〉でさえある現実に基づいて，経済学の言説が創始されたのである。このようにして経済学は，早くも出発点において，ほかのもろもろの光景を排除しつつ，とくに恵まれたひとつの光景——ヨーロッパの市場経済——のなかに閉じこもったのである。／ところで，市場の下側には不透明地帯が広がっている。しかし，十分な史料が揃わないので，その地帯はとかく観察しがたい場合が多々ある。それは，基盤をなす基本的活動である。それは，至るところで出くわす，しかも端的にいって途轍もなく大きい嵩を有する活動なのである。地面すれすれの水準にあるこの厚い層をなす地帯のことを，ほかによい呼び名がないままに，わたしは物質生活とか物質文明とかいう名で呼んだ。(Braudel 1979 = 1985：2)

　周知のように，このようなブローデルの主張は，ほぼ歴史貫通的に，あらゆる人類社会は多層構造の社会であるという一点をもって，マルクス主義の社会編成発展史観に対峙しうる位置を切り拓くものである。資本家的な人間行動の登場まで含めると，あらゆる社会は，三階建てのピラミッドのようなものである。一番基層に，物質生活がくる。その上部に，市場の世界が乗っている。さらに，最上階には資本主義が鎮座する構造となっているのである。ある意味では，発展史観からの社会科学的脱却が問題提起されたといえるのではなかろうか。「この見地に立ったときにわたしがほんとうに意を強くしたのは，この同じ解読格子を透かして覗くとき，かなり早く，またかなり明瞭に，現今の社会の組み立てが見えてきたことなのである」(Braudel 1979 = 1985：3-4)。私はこのような歴史貫通的解読格子の有効性を理論として確立することこそが，マルクス経済学の現代的課題の基本問題であると考えるも

のである。しかし，以上のようなブローデルの着眼は，人類の生存形態を比喩的に家の構造を借りて示してはいるものの，あくまで人類社会の概観を提示しているだけにすぎず，家の内部の構造がどのような連関を有しているのか，たとえば家のなかの柱がどのように構築され，一階と二階，二階と三階がどのような大黒柱で支えられているのかは分析されていない。この縦の関係を解析することは，じつは多原理説では放棄される傾向が強いのである。たとえば市場と共同体は異質な原理であるという常識的な確認で終始する場合がそうである。社会がその編成の原理を多原理とすることの発見，これも経済理論の歴史のなかでは貴重な発見ではあったのだが，そのような多原理性・複雑性を単に主張することから，さらに現代のマルクス経済学の真摯な研究者は，一歩も二歩も前に進まなくてはならないのではあるまいか。

カール・ポランニーの理論

同じように，経済史家でありながら，人類の社会が多原理で構成されることを鋭く見抜いた慧眼の学者がいた。カール・ポランニーである。

> 大まかに言って，次の命題が成り立つ。すなわち，西ヨーロッパで封建制が終焉を迎えるまでの，既知の経済システムは，すべて互恵，再配分，家政，ないしは，この三つの原理の何らかの組合せに基づいて組織されていた。これらの原理は，なかんずく，対称性，中心性，自給自足というパターンを利用する社会組織の助けを借りて制度化されていた。この枠組みのなかで，財の秩序ある生産と分配が，行動の一般的原理に律せられた種々様々の個人的動機を通じて保証されたのである。これらの動機のなかでは，利得は重きをなしていなかった。慣習や法，呪術や宗教がともに作用して，経済システムにおける各自の働きを究極的には保証する行動法則に，個々人を従わせたのである。(Polanyi 1957 = 1975 : 72)

> 資本主義経済においては，交易ないし交換原理が基本的意義を有するとともに市場が支配的役割を演じているのであるから，もし19世紀の経済的迷信が放棄されるべきだとするなら，市場の本質と起源に関して入

念な考察を行う必要が生じてくる。／交易，取引，交換は，市場パターンが存在してはじめて効力をもつ経済行動の原理である。(Polanyi 1957 = 1975 : 75)

　以上のようなポランニー説は，大きな影響力をもってわれわれマルクス経済学の研究者を揺さぶった。ここに経済学は，資本主義の枠を越えた広義の経済学へと飛躍する跳躍台を獲得したのである。
　念のために，ブローデルの多原理・重層構造の社会把握と，ポランニー理論との差異を確認しておこう。まずは両者の基本的な相違点であるが，ブローデルは市場と資本主義経済の峻別を試みた。それに対してポランニーは市場とは資本主義的な市場のことを言い，交換には利潤動機が内在し，自己調節的な市場メカニズムが作用すると考えている。次に第二の差異は，交換原理が社会を飲みこむという，交換原理だけでもひとつの社会存立が一時的にせよ可能だったと主張するのがポランニーであり，これに対してブローデルは，資本主義の爆発的発展に対しては肯定するものの，あくまで資本主義の経済社会といえども三層の上層構造で人類社会は形成されると考えている。この問題は微妙ではあるが，ある意味では，マルクスの史的唯物論と協調的なのがポランニーの社会理解で，発展史観に懐疑的で，あらゆる社会に共通の本質という分析視角にこだわったのがブローデルということになろう。碾き臼のなかに社会は飲み込まれたのだろうか。市場経済は共同体を飲み込み，社会を飲み込んでしまったのであろうか。この答えは，飲み込まれそうになっても家族はかろうじて生き残り，国家はかろうじて生きながらえて，そして強固になったという事実を提示すれば，足るであろう。

唯一の原理としての共同体

　さて，ポランニー説は基本的には高い評価を獲得したといえるのではあるが，問題点が残されている。すなわちポランニー説の多原理の解釈問題であるが，整理が途中で中断されているように思えてならない。たとえば，人類のさまざまな社会の構造変化の連続した，あるいは断絶した時代の解釈として，この四原理ないし三原理がそのシェアーを争うかのように，どの原理が

支配的原理となり，どの原理が副次的な原理となるのか，いわば，しのぎをけずったというポランニーの学説の解釈が正しいと仮定しよう。そうだとすれば，あらゆる人類社会に共通に，経済とは多面的・多原理的な構造であり，現代社会でも何が基本原理で何が補足原理であるのかという方法論が成立しうるし，その方法が極めて有効な社会科学的分析方法として成立するという観点は画期的でもある。また市場が社会を壊してしまうくらいの「悪魔の碾臼（ひきうす）」という見方は，マルクスの市場経済の「大洪水」理論とも共通し，資本主義社会批判としては魅力に富むものである。このようなポランニーの主張は，それはそれで成立するものと思われるが，しかし，財やサービスを移動させるこれらの四原理は所詮，人間の他の人間と相互にコミュニケートしようとする動作，立ち居振る舞いの基本としての贈与という，たったひとつの原理，あるいは，たったひとつの贈与原理のバリエーション，派生形態であるとはいえないだろうか。

　つまりはこうである。互恵というのは，お互いがお互いに贈与をしあうという人間と人間の財を介した，あるいはサービスを介したコミュニケーションのあり方である。贈与そのものであるといってよかろう。次に，再配分は，ひょっとしたら負の贈与つまり強制された贈与とか略奪までも包含するのかもしれないが，年貢や税金，取りたてのようなもので財や労役が共同体や国家などの中心部に贈与される。中心部の共同体の指導者は共同体や国家などの構成員に必要に応じて財やサービスを贈与する。つまり，贈与のパターンのひとつであることは間違いなかろう。問題は自給自足の家庭内経済の解釈である。つまり，自給自足という概念装置に依存する限り，どこにも贈与概念で解釈できる隙間はないように思えるのである。たしかに人間が一人で生産し一人で消費する限り，自然と人間との互恵関係は摘出できても，人と人との贈与交換の関係は成立しない。ところが家族共同体は複数の人間によって構成される。したがって，労働も誰かのところで労働してやる，そのお返しに米を反対贈与する，家族のために織物を織ってやる，織物の贈与を受けた共同体メンバーは何かでお返しをして償い，このようにして経済が人間たちの欲望充足として成立する，以上のように考えられないであろうか。

　市場での交換については，これも贈与と贈与の特殊な組合せとして詳しく

論じなければならないが，本章の中心命題に係わるので，あらためて取引のゲーム性と取引の贈与性の多重構造のなかで展開してみたい。

3 冒頭商品論の転回
　　──市場の起源と商品の起源──

原理論の現実からの乖離

　市場を特殊な存在とみるか，それとも普遍的な存在とみるかでは，経済理論の様相は大きく異なる。市場を特殊な存在と考えれば，取引をすればすぐに闇取引だと指弾され，社会的制裁を受ける。市場とは取引をする場のことであるから，マーケットそのものがブラック・マーケットと烙印をおされ，交換という個人の自由な経済行為は弾圧される。それに対して，市場は人間にとって普遍的行為の場なのだという考え方をすれば，市場に対してわれわれは寛容になれる。マルクス経済学は，一種の理想社会イデオロギーに裏打ちされた学問体系であり，どうしても理想は社会主義だとか共産主義だとか，信念と人類愛に満ちて，安易に断定する傾向が否めない。そこからの脱却が理路整然としたものでないと，これまた単なるイデオロギー論争に堕してしまう。

　また，別の問題でもあるが，資本主義の原理がマルクスや宇野弘蔵の業績によって精緻に確立されたとしても，時代の発展が理論の枠を越えて断続的に変化する，あるいは別のものに変遷してしまう，という事例さえも発生する。たとえば，貨幣の素材変遷理論などという発想はマルクス経済学の原理論のなかにはない。貨幣の素材適正理論は『資本論』のなかで詳しく展開されている。しかしながら，現代社会においては，貨幣の機能はマルクスが仮定したような貴金属貨幣・商品貨幣によって担われるばかりでなく，たとえば，コンピューター上の暗号的記号によっても担われることになっているのもまた事実なのである。

　商品の理解でも，原理像の転回は求められている。共同体と共同体の隙間に，共同体と共同体とが接するところに商品は発生したというマルクス経済学上の最大の神話にいつまでもしがみついていたら，市場なくして人間の生

存が確保されるような不幸な誤解とともに人類は自滅の淵に叩き込まれてしまうであろう。

マルクスの商品発生理解

ここでマルクスの名誉のために，商品発生理解について，マルクスの著作から，細かいニュアンスにまで気を配りながら，厳格に引用してみよう。

『経済学批判要綱』において，次のようにマルクスは叙述を残している。

> ヘーゲルは正当にも法哲学を，主体の最も単純な法的関係としての占有からはじめている。だが，どんな占有でも，それよりもはるかに具体的な関係である家族や支配と隷属の関係以前には，実存するものではない。これに対して，まだ占有するだけであって所有物をもたない家族や全体種族が実存する，と言うことは正しいであろう。だから，このより単純な範疇は，単純な家族共同体または種族共同体の，所有物に比例した関係として現れる。それは，いっそう高度の社会では，より発展した有機体のより単純な関係として現れる。だが，占有をその関係としている，より具体的な基盤はいつも前提されているのである。ここの野蛮人が物を占有すると考えることはできる。しかし，この場合の占有はなんら法的関係ではない。占有が歴史的に家族に発展したとするのは誤りである。
> (Marx 1857-58 = 1959：23-24)

ここでの主張点は，交換の発生には，これは自分のものであるという占有ないし所有の成立が先行していなければならない，というものである。占有はまさしく，ある財たとえば自分の着物や器，寝具などを自分の物として観念し，排他的に利用している状態である。所有は，ここでのマルクスの議論がヘーゲルと絡まっているので，国家の法律によって庇護を受けうるような自分の物という観念のことであろう。たとえば，盗まれれば国家の正義によって奪還できるような，ガードマン国家によって保護された占有のことだといってもよかろう。そうだとすると，野蛮人であろうが文明人であろうが，家族共同体のなかでも，自分専用の手鏡，自分専用の靴，等々は確立した人

とモノとの関係として措定できるわけである。もしそうなら、自分の財産を家族のある構成員に贈与することだって可能だろうし、誰かと交換するにしても多少の共同体規制を考慮しなければならないとしても、物々交換それ自体はありえることになる。『資本論』でのマルクスは、共同体では私的所有が成立しない、だから交換は共同体の外部での現象なのだと論じているのだが、共同体のメンバーが隣接共同体のメンバーと出会って、どこかでこそこそと物々交換を行なうにしても、共同体のメンバーが共同体的な共有物を持ち出すことは不可能である。共同体の禁止事項は破ることはできない。もし見つかれば共同体的制裁が待ち構えているから。であるとしたら、交換できる財は、共同体の内部で、自分の占有物という共通観念が確立していなければなるまい。もうひとつ追加的に私の長年の問題意識を吐露すれば、交換という行為には必ずどこかで交換もどきの予行練習が行なわれているはずだという論点である。それはとりもなおさず、共同体のなかのギブ・アンド・テイクであろうと想像するのである。

交換の共同体外部発生説

また、同じ箇所でマルクスは次のように述べている。『資本論』でも繰り返されてゆく叙述であるが、引用してみよう。

> 他方では、次のようにも言うことができる。すなわち、たとえばペルーのように、なんらの貨幣も実在しないのに、たとえば協業や発展した分業等々のような経済の最高度の諸形態が生じる、非常に発展してはいるが、しかも歴史的にはむしろ未成熟な社会形態がある、と。スラブ人の共同体でもまた、貨幣と貨幣を発生させる交換は、個々の共同体の内部では、全くか、またはほとんど現れないで、その境界で、他の共同体との交易で現れたのであるが、これでみても、交換を本源的な構成要素として共同体のただなかにおくことは、一般に誤りである。交換は最初は、一個同一の共同体の内部の成員に対してよりは、むしろ異なった共同体相互の関連のうちに現れるものである。なお続けて言えば、貨幣は、きわめて早くから全面的に一つの役割を演じるものであるけれども、古代

ではやはり，一面的に規定された国民，すなわち商業国民にとってだけ，支配的要素としての役割があったにすぎない。……貨幣制度がローマで完全に発達していたのは，本来ただ軍隊のなかだけであった。(Marx 1857-58 = 1959 : 24-25)

　まず，商品起源論であるが，商品という独自の固有な形態を明確にするには商人のビヘイビアが登場しなければならない。その意味では，商人は村落共同体から脱却した人間存在であったろうから，共同体の外側の存在ということは認めてもよい。しかし，商品の存在には，その前身なり前史があったであろうことは想像に難くないのである。さらには，貨幣の発生は商品の発生と同様に，やはり共同体の内部に起源をもつというべきであろう。ローマ帝国では，帝国が戦士共同体という国家本質を有するのは当然のことであるが，徐々に支配地域が拡大するにつれ，共同体の成年男子全員が戦士となって戦闘行為の担い手になれなくなってきた。そこで頑強なゲルマン民族から傭兵を雇うことになるのであるが，ローマの政府は傭兵の軍事サービス労働の見返りに塩ないし金貨を反対贈与するのである。贈与によってゲルマンの屈強な傭兵はローマ共同体の準構成員になるのである。他人を共同体に取り込む時には，必ずといっていいほど，贈与の交換が儀式的に実践されるのではなかろうか。
　スラブの共同体をマルクスは何かで研究しているらしいが，このスラブのある共同体の内部で交換は絶対に発生しないなどと断定的なことはいわないのである。交換に見まがうような，主人と従者のサービスと報酬の贈与の双方向はきっと見られたであろうし，中世的な主人と家来という関係が希薄であったとしても，妻と夫との何かと何かの交換，子供と親との何かと何かの交換は日常の行為として存在したに相違ないのである。
　マルクスの解釈の仕方としては，結論とは逆の論証部分の一部を取り上げた。我田引水になるかも知れないが，マルクスが交換の共同体外部発生説を主張するスタンスが微妙に躊躇したものであったことが，21世紀のマルクス経済学原理の再構築のヒントになりうると確信するのである。

4 搾取論の転回
―― 階級社会論から共同体社会論へ ――

マルクス理論の光と影

共同体と共同体の間で発生した商品は，共同体の外の世界の性格を帯びるというのが伝統的なマルクス主義ないし宇野理論の解釈であるのだが，このマルクス命題は，商品経済は人間の利己心の発露と利己心に依存する行動原理と解釈され，人類の本源的な共同体的行動原理とは異質で特殊な側面をもつものと解釈されてきた。

マルクス理論の光の部分は，人間性の回復という視点を強烈にもたらしたことにあった。しかし，そのための手段は資本主義の社会から社会主義の社会へと転回することだという基本的な命題，社会変革的な意識は，マルクス理論の影をつくる原因にならなかったと誰が断定できるであろうか。

またマルクス理論は社会を階級闘争の歴史を繰り返してきたものとみる歴史観をもたらした。闘争である以上，最終的には暴力の勝負で社会が規定されるとする，暴力イコール社会の基本関係，という肯定的暴力観をもたらすという作用もあった。さらには市場原理の払拭が新しい社会構築の突破口を切り拓くという主張をももたらしたのであった。

流通形態論における転回の可能性

私はかつて，このような考え方から，もし転回することが可能としたなら，どのような転回の選択肢が残されていると考えられるかと，問題提起したのであったが (松尾 1999)，いま振り返ってみると随分と荒削りの議論をしてきたと思う部分が少なくない。

私の発想の骨子は，宇野理論の流通形態論に係わる疑問であった。そこでは，商品⇒貨幣⇒資本の市場原理の自己発生的な論理展開が基礎を形成していた。だが，人間を仔細に観察すれば，交換ビヘイビアと利潤ビヘイビアとの間には必然的移行の性質は存在しないとする疑問であった[1]。交換ビヘイビアは贈与の行動の延長として理解し直し，利潤獲得のビヘイビアは賭け

ゲームの延長として理解すべきだと，ともに共同体内ビヘイビアの起源論を展開したのであった。この考えに今でも基本的には変更はないが，市場での交換が贈与性を帯びると同時にポトラッチとしてのゲーム性を帯びるという点については，不十分な考察しかしなかったと反省している(2)。

　物々交換において，相手からいかに多く獲得するかという点については，すでに交換の上手下手という手腕の問題が介在する。これについて，私は，次のように分析した。「他方，資本家的な，自分の利益のみを念頭に行動するビヘイビアの根源としては，贈与と贈与の善意の組み合わせという理論では説明不能である。そうであるならば，人間の行動原則としての性格に，他人と自分とのバランスを考慮する贈与の理論とは全く異なる自分中心の行動原則の起源がどこかに存在しており，それによる自分だけの金儲け追求の別個の原理が存在するに相違ない」(松尾 1999 : 317)。しかし，交換の起源が仮に贈与だとしても，贈与交換は必ずしも善意と善意の贈与の組み合わせである必要はないのである。

身内との取引と他人との取引の差異

　ここで登場するのは，身内と他人の区別である。他人との交換は，反対贈与条件をすぐに履行してもらわなければ，永久に反対贈与の実行はないという危険性がはらまれる。植村はすでに取引の行動のなかに潜む駆け引きゲームの問題を論じているが (植村1997)，その解釈のヒントは，次のようなサーリンズの叙述に見て取れるだろう。

　　ヌエル族——ヌエル族の小規模な地域集団 (村落のハムレット圏域) や家畜キャンプには，頻繁な食物分与，親切なもてなし，その他の一般化された相互性がみうけられる。花嫁代償や不和の解決 (いずれもその性質上，均衡のとれた補償である) といった，用具的な交換活動をのぞくと，部族間 (村落外) 圏域の交換は，あまり行われていない。ヌエル族は，内部の相互性と，アラブ人との交易——すぐの (遅延の許されない) 交換が条件だから——を，きっぱり区別している。近隣部族，とりわけディンカ族との関係は，略奪的なもので悪名高いが，主として暴力にうっ

たえて貴重品やテリトリーの略奪が行われている。(Sahlins 1972 = 1984：348)

ティヴ族――少なくとも外部《市場》分域と内部分域との間には，明確な差異がみうけられる。諸種の贈与交換は，《市場交換》とは，はっきり区別されている。

> 市場にはみられない，恒常的で，温情的な，二人の当事者間の関係を意味している。だから――長期的にみると，贈与も返報されなければならないとはいえ――贈与をめぐって，あからさまに計算したり，張りあったり，値切ったりするのは，よくないこととされている。《市場交換》では，競合的で搾取的な振舞いも許されている。……じじつ，当事者間に以前から何か関係があると，《よい市場》ではなくなってしまう。よそ者には高く売りつけてもよいが，親類に同じことをするのはよくないことなので，人々は，親類の者に売りたがらないのである。(Sahlins 1972 = 1984：349)

私は，他人との取引はせいぜい，反対贈与の交換条件の契約を確認したうえでの贈与交換になる，そこにゲーム性があとから忍び寄ることもありうるとしたのであったが（松尾1999），一度きりの取引では法外な交換条件でも，相手に飲ませたほうが勝ちなのである。希薄な人間関係しか望まない贈与と，濃密な人間関係を構築する手段としての贈与と，もう二度と会わないことが確実なよそ者に対する贈与と，三類型ぐらいで理論化すべきだったとしなければならないだろう。二度と会わない相手との取引は，相手をだます悪意の意思さえもが介在しうるのである。そこには，値切りの交渉が発生するであろうし，負けろ，負けない，と競いあうのである。すなわち，賭けゲームの援用を待たずして，ゲーム性が発生していたわけなのである。

マルクス搾取理論からの脱却

この理論は，マルクス搾取理論からの脱却に応用できるように思われる。

産業資本家が賃銀労働者を安い賃銀で雇い入れ，長時間労働，単純な労働，人間性を無視した過酷な労働で，剰余労働・剰余価値を搾取する。このような資本家と賃銀労働者の関係は，もちろん失業者が多量に存在するという社会的な需要と供給の理論で説明できる側面もあるわけであるが，ひとまず産業循環の関係を考えないとすれば，他人だから低賃銀で雇用する資本家が発生する。

しかし，雇用の関係が継続すれば，資本家と労働者のあいだに，希薄な仲間意識，さらにはより濃密な仲間意識が徐々に芽生えてくる。つまり，資本家が組織する共同体としての企業という人間集団が形成されてくるのである。搾取的な関係は，資本家が賃銀労働者を雇用する最初の交易類型にすぎない。その関係から，明日もこの工場でどうか労働してくれないか，という人情が生じる。

この人情は，コスト理論で考えると，新規に労働者を募集するコスト，その労働者の信頼度を確保するコスト，賃銀労働者に作業を教え込むコスト，企業への帰属意識を形成するコスト，などなどのさまざまな流通費用の節約要求からも発生しうる。自分が死んだ後の責任まで雇った労働者に任せる場合も発生するし，労働者と家族共同体の関係を構築する場合だってありうる。つまり，出会った時は他人同士で，搾取・被搾取の厳しい階級関係があったとしても，徐々に序列の優劣はあるとしてもゆるい上下関係の共同体的な家族的な資本家共同体となってゆくのである。こうなったら，だれが資本家でだれが労働者だという形式的な身分差別は希薄化してゆき，みんなで協働する職場としての共同体，個々人は自分の労働というサービスを企業に贈与し，共同体としての企業はその報酬を反対贈与する。このような関係は，資本主義社会ではそもそも不可能で，社会主義の社会にならないと実現不可能だというのは，マルクス主義者の共通理解かもしれないが，現実の解釈を現実に即してしようではないかというのが，われわれの方法的立場であるので，不当に低い賃銀での搾取論は，賃銀を年功序列で上げてやるような，あるいはボーナス支給論のような，一種の利潤成果分配論で，ゆくゆくは差し替えられうる，と解釈してもよいと思われる。このように，人間の集団性が徐々に内実を帯びるようになってゆく共同体の一種，ひとつの共同体類型として企

業を把握できないだろうか。株主は資本金の贈与主体としてその企業に関わり，配当という贈与の反対給付を受け取るのである。支配権の発生については，社会のルールとしての経営主体の権威付けとしての株式所有・資本金贈与の事実の評価というようには理解できないだろうか。

5　おわりに

　人間が集団性を強めるベクトルには帰属意識と行動が必要であるが[3]，その場合，共同飲食や共通言語，共通の祖先神話など，多くのファクターが共同性を強める効果をもつのであり，したがって，贈与行為だけが必ずしも共同体的人間同士の紐帯関係を創り出すわけではないのだが，それにしても，贈与が「われわれの社会が築かれている人類の岩盤の一つ」（Mauss 1968 = 1973：225）というモースの命題は十分に説得的だと思われる[4]。

　本章では，このような共同体概念を経済学の理論のなかに持ち込んだ場合，従来の議論のどこがどのように転回するのか，応用理論を考察してみた。

　まず，本章では，社会を単一の原理では包括しえないとするいくつかの学説を検討した。すなわち，多原理理論の検討である。ブローデルの議論は，歴史貫通的な社会の三層構造理論であった。基層には経済学がその分析対象から除外した物質的な生活があり，その上部構造に市場という組織された交換の場があり，さらに最上階部分に利潤動機が支配する資本主義経済が乗っている，という理解であった。ポランニーの場合は，互酬・再配分・自給自足の三つの原理の組み合わせとして社会を理解しようとした。ブローデル理論については，社会の三層構造把握は有効だとしても，内部構造を説明できるものではないと批判した。ポランニー理論には，自給自足が厳密に成立するのかは今後の研究課題に残すとしても，中心への財の移動も贈与パターンの亜種にすぎないのではないかと批判した。

　さらに商品の起源が共同体の外部にあるとしたマルクス説のテキスト・クリティークを通じて，私有財産がなければ交換もないとするマルクスの説明の論理矛盾を指摘し，商品の起源は贈与の交換にあるのではないか，という冒頭商品論の転回が2で提起された。共同体には共有しかありえないとした

ら，いつまでたっても交換の前提は生まれてこない。たとえば家族という始原的な共同体の内部にも，夫の占有物，妻の占有物，兄の占有物等々，贈与しうる占有物が存在するというのがその理由であった。

　最後の搾取論の転回では，内部市場・外部市場の応用問題として搾取理論の枠での資本・賃銀労働の階級対立説から共同体的な会社への自然発生的変化という，あるいは企業という共同体の側面を有する人間集団への論理的な転回ができないか，論じてみた。顔なじみに対しては，相手の足元をみるような取引が倫理的に許されないという関係が人類の共同体的な精神構造に存在していて，それは自然的かつ自生的である。また当初は他人と認識されるから，労働の報酬と労働の提供の交易関係は労働者の生活がいかに困窮しようが構わない。したがって両者の取引関係としての賃銀の支払いには富の偏在や搾取の存在が認められるだろう。しかし，このような労働サービスの提供，報酬の支払いという取引を継続するにつれて，お互いが仲間であるというパートナーシップが芽生えるかもしれない。そうなれば資本家と賃銀労働者との協働の活動という側面が派生し，協働労働・共同分配の関係があらたな人間関係として構築されるのではないかという論点を提示した。

　このような共同体の概念を原理像の転回の枢軸にしようとする本章の試みで，市場排斥的な社会を想定するには無理があるだろうという推測は説得性をもつとしても，投機性に象徴されるゲーム性をどう捉えるべきか，などの問題は山積しており，資本主義としての利潤の獲得競争の起源が名誉を欲する共同体の内部競争という人間の心性に由来すると仮定しても，だからといって副作用はないのか，あるいは交換からのみゲーム性の心情が生まれたのか，あるいはそうではないのか，交換以外の賭けゲームとの内的関係はどうなるのか，貨幣の価値としてのシンボル性は何を根拠とするのか，など今後の研究を待たなければならない課題は山積しているのである。

第3章　ギブとテイクの人間社会

1　はじめに

経済学の再生を目指す

　経済学の暗黙の前提となっているいくつかの命題に起因し，経済学は，その意図するところに反して，経済学として要求される，複雑で変化の激しい現実社会に対する説明能力を喪失してきたのではないか。したがって，経済学の改革こそが要求される。

　われわれの経済学およびその中核としての経済理論の再生の努力とは，既成概念となってしまった大きな常識的枠組みを解体する必要があろう。そして，必要に応じて，あたらしい骨組みで設計図を書き換えるという作業でなければならない。とりわけ，マルクス経済学は，社会全体の認識方法にこだわり続け，社会発展の人類史観，歴史観を完成させたように思えた。日本においては，さかんな経済学の切磋琢磨が展開され，宇野学派は，原理論・段階論・現状分析論の三領域からなる宇野理論体系を構築してきた。したがって，マルクス経済学は，宇野理論であれ，正統派の経済理論であれ，たとえば，風が吹く，そうすれば論理必然的に桶屋が儲かる，のような部分連関の数量的証明問題で満足するような単純な因果関係の理論とは異なり，人間社会の根幹が何であるか，それはどこから来て，どこに行こうとしているのか，

という人間社会の全体把握に問題意識が集中していた。それゆえに，恣意的な仮定設定を排除し，歴史観察ないし歴史的な事実の直感的把握といった歴史哲学的方法を重視してきたのである。しかし，その社会の全体構造理論にも，独善性の誤謬があった。正しいと信じたからこそ，革命までもが実践されてきたのである。私の言う独善とは，説得力の有無の問題である。つまり，社会的な支持を失った教条・ドグマの学的状態に形容される言葉である。信者が多い宗教が真理の仮面をかぶれるように，マルクスの社会科学も多くの支持者を獲得し，そして急速に冷めていった。なぜ冷めたのか。それは現実と理論の乖離に求められよう。マルクスの理論が現実を説明できなかったことが最大の要因であると総括する。したがって，この論考も，分析道具としての役割を果たせなければ，あるいは現実社会への説明原理としての説得力が弱ければ，独善の思索，ということになろう。

社会主義対資本主義という発想の誤り

　社会科学の通説といってよいであろうが，周知のように，資本主義社会という呼び名が現実の現代の社会を表象する名称概念だとされてきている。なぜならば，革命によって封建社会は終焉し，新たなる近代の社会が勃興してくる。つまり，封建社会の次の社会の，ネーミングが問題となったのであり，市場社会とは言わずに，階級社会として資本主義社会と呼ぼうと，合意されたのである。しかし，いまや資本主義社会概念の有効性を議論すべきときであろう。資本主義という社会概念は，社会主義社会という資本主義社会への対立概念としての理想社会像がつくられて初めて大いなる魔力を得たのではなかったか。ということは，社会主義の呪縛が消滅すれば，否定の対象としての資本主義の呪縛も消えてなくなるのである。特殊歴史性という設定自身が克服されなければならない。その意味で，この章では，人間行動の普遍性を論じたいと思っている。

　社会主義がどんなに市場を反動として弾圧し，排除したとしても，ひとびとは，生きるために，生きる営みとして，市場での交換を止めなかった。人類が市場を求める以上，市場を否定する社会主義の発想法自体が，根源的に誤謬であったのではないか。社会主義・資本主義の二項対立の人類史理解が

根本から誤っていたのではないのか。ではどう理解すればよいのか。

　私は、これらのふたつの社会概念の対抗関係が現代の人類史の基調であり、また、人類の歴史において成立するかのような理解や主義主張やイデオロギーについて、疑いを抱くようになった。さらに、社会主義・資本主義というふたつの社会に関する命名のなかにこそ、社会理解に関するすべての認識の誤謬の根源が凝縮している、という考えをもつにいたった。社会の概念と、原論的な理解の問題で言えば、マルクス経済学でいう資本の概念には、今後の研究者が理論的に埋めねばならぬ広大な未知なる学問の海が横たわっている。また、人間社会の本質をめぐっても、何が人間行動の本質かという問いにわれわれマルクス主義の信奉者は答えてこなかったのであって、これまでのイデオロギー的な理論上の考察は、学問の海にただよう海藻の一葉の如きである。

　それはどういうことか。資本という概念は一体何を意味するのか。自己増殖する価値の運動体であって、それが社会を覆い尽くすと仮定したところで、どれほどの現実説明能力もない。あまりにも抽象的で、あまりにも観念的なのである。つまり、仮定が極端だったのである。価値増殖を人間の金儲け行動と理解しなおすとしても、それは人間の行動全体の一部でしかない。そのような事象を、あたかも全体であるかのように恣意的な仮定をおくことで成立した理論こそが資本主義という概念であり、また、無理な社会原理を可能だと仮定したのが社会主義の概念であったと総括しなければならない、ということである[1]。

資本の論理と人間行動の全体像

　資本の論理とは何か。従来のそれは、マルクス以来の物象化論的方法に依存して、価値の自己増殖運動体の論理ということになろうが、本書では、経済原論の展開方法を、行動論的アプローチに依ることにする。その理由は、現実の経済現象をものに支配されて人間の行為とは見ずに、人間自身が主体的判断で自由に行動する有様を描写するのが、疎外された人間という一種の予断を排除した理論だという立場に立ちたいからである。

　したがって、次のようになる。資本の論理を言い換えれば、資本家の行動

原理ということになる。すなわち，資本の論理とは，自己の利潤最大を目的として行動する人間行動の原理のことである。しかしこの資本家の行動原理は，いうまでもなく，生身の人間の行動原理の一部にすぎない。人間にはそのような金儲けビヘイビアというべき利潤追求的行動原理があることは否定しないが，しかしながら人間はもっと大きな太古の昔からの社会を構成する重層的枠組みの行動原理をもっていて，利潤最大を追求する金儲け行動原理は，その構成要素の一部にすぎない。

「資本の論理」を簡潔に要約すれば，「最大限利潤の獲得」であろう。したがって，資本主義の原理が「資本の論理」にあるとする想定では，人間は利潤最大で行動し，生活してなくてはならない。しかし，実際の人生によって，経験的に，利潤追求だけを行動原理にした場合，われわれは，偏狭な人間，あるいは自己中心的エゴイスティックな存在，という烙印を押されることも，また，体験している。そうだとすれば，利潤の問題とは，人間社会のなかにおいては，経済学者が前提にした命題ではあるものの，それによっては，行動していて現実の社会では浮いてしまう不思議な行動原理ということになる。あるいは国家や家族は，個人の利潤を分配せよとせまる。このように考えると，経済学の理論というのは現実の人間行動を理解し解釈するための理論だとしたならば，経済学者は，もっと真剣に，人間行動の全体像を考察しなければならないのではないか。このような思いでの，宇野の純粋資本主義社会の理論からの脱却がわたしの方法論だったわけである。いわずもがなではあるが，宇野理論の最大の欠点の由来は，その大部分が，マルクスの前提と論理展開に依拠した理論だったという点にある。

経済学における単純な人間行動原則

村上和光が『資本主義国家の理論』において，「宇野理論には国家論がない」（村上 2007：i）と指摘するように，国家論なき宇野理論の欠陥は，やがて市場と非市場の関連研究の必然性をもたらす。しかし，経済理論の内部に国家論がないのは，ある意味では当然であったのである。商品経済の論理で国家を導くことは不可能である。また，これは宇野理論だけの欠陥でもない。むしろ，国家や共同体を排除した理論こそが経済学の理論だとする，アダム・ス

ミス以来の伝統に依拠するのである。宇野はそれではまずいと考え,国家の経済政策の背景や共同体の理論を思索するのだが,国家には,様々な類型が存在するという段階論を構築するにすぎなく,純粋理論の世界からは排除されてしまう。宇野弘蔵の理論的枠組みを継承した山口重克は,原論という世界には共同体の理論は導入できないという説明の箇所で,「経済活動に関しては,商品経済的な行動原則以外の原則が影響を及ぼすようなことがあってはならない。商品経済的な行動原則はきわめて単純明快なものであり,その意味で客観的に確定可能なものなのであって,経済主体の商品経済的な行動だけで遂行されるものとしての経済を考察する場合にはじめて,経済は分析者の恣意から独立した客観的な実験装置的性格を保証される」(山口 1985：4),と述べる。かならずこうなる,というのが論理的一貫性を担保する科学的な客観性であり,共同体的な行動様式を見れば,どんな行動を展開するか,一意的には決定せず,複雑きわまりない,それは,原論にはなじまない,と[2]。

単純理論の典型が,利潤を最大化する人間の行動である。この利潤最大の行動は,満足最大の行動原則に由来する。ところが,満足最大の行動原則は,自分がしたいことをする,ということでもたらされる行動原則であり,そのしたいこととは,必ずしも「金儲け」とは限らないのである。この,人間が本来的にしたいという欲望充足行動は,基本は何なのか,これと「金儲け」ビヘイビアとのあいだに,どのような連関が存在するのか,という問題を設定して,考察をしてみたい。

より現実的な人間行動原則の導入

理論を実験室で観察したり,発見したり仮定したりした理論を証明してみせるのは,自然学の得意技である。マルクスが指摘するように,社会科学は,実験室に相当するものを有しない。あえていえば,自分の生活空間が実験室である。そこで自分たちはどのように考え,行動するだろうか。純粋商品経済だけの実験室であれば,1円でも安い方を購入するだろう。しかし,現実空間の実験室では,少々高くても,〈身内の店〉から購入するだろう。このような問題を徹底的に考え抜いてみたい。〈身内の店〉で高く買うのはなぜか。

いままでは,商品経済的要因を考察する場合に,〈身内の店〉という発想を

してこなかった。市場の情報が不完全だから，比較が不十分で，1円高くても買ったという不完全情報理論で説明されることが多かった。ところが，人間が個人から共同体をつくるプロセスが行動論としては重要になるのではなかろうか。個人と共同体を連続させる人間行為は何か。

　それは，人間行動原則に，コミュニケーション満足最大行動原理を設定してやれば説明がつく。他人の店で安く買うよりも，〈身内の店〉で買うほうが自己満足の度合いが大きいからであろう。なぜ大きいと言えるのか。人間は場合によっては，誰かと共感を共有していたいからである。この共感の共有の手段が贈与なのである。贈与の相手を探し，そして贈与の相手を固定して，人との付き合いを固定化させるのである。繰り返し贈与の連鎖を行なえば，相手は親しい感情を醸成して，自分も相手を身内だと思う。このように，自分を知っている人間としての身内と言葉を交わせるのが人間の生きる喜びだからである。なぜ喜びなのか。それは，人間が他人とのコミュニケーションを欲する本性を有するからである。これも人間の根本であるところの，一種の欲望充足行為である。それでは，人間の基底にある本性は，連帯であって，個人主義ではないのか。そうかもしれない。それでは他との交流を遮断する人間をどのように理解すればよいのか。

　そのような人間も考察の対象としよう。そして，他人と交流できなければ，すくなくとも家族という共同体を有せず，生存が厳しくなろう。子孫の繁栄も望めない。そのような，自分を実験材料にして考える，周りを観察対象として考える，ということで，すこしばかり，想像力や推測，アナロジーなどを援用しつつ，考察を進めたい。

現実を説明する力を取り戻す

　このようなことをなぜやるのか。それは，説明ツールとしての有効性を喪失した学問は消滅せざるをえないからである。その典型は，市場を否定したマルクス主義の伝統を継承する，資本主義・社会主義のパラダイムという理論装置の枠組みである。資本主義の社会も，資本主義のみの原理で構成される社会としてはどこにも存在しない。資本主義を人間的な社会ではないと否定して形成された，あるいは実験された社会主義という社会も，自然崩壊し

てしまった。自然に崩壊したのではなく，人民が主体的に革命として廃棄・否定したのだろう。1990年当時，私たち家族は西ドイツに居住していたが，東ヨーロッパから逃亡した人々を知るにつけ，我慢の限界だったから社会主義社会体制を拒否したという感情をつぶさに共有できた。

　自由な個人のアソシエこそが社会主義の理想像だとマルクスも主張している，という人々もいるかも知れない。アソシエとは，人間同士の自由な連帯であり，支配や強制，暴力などの人間関係を排除した理想的な共同体の形成と言い換えてもよかろう。しかし，仮に，生産手段が資本家の手に集中していてはこのアソシエは不可能だというのであれば，従来の失敗経験済みの社会主義国有化論の繰り返しになるだけだろう。所有は行動の帰結としての自己認識であり，資本家の所有も，国家としての所有も，それぞれの行動の帰結観念であるのだから，問題は，どのような行動を人間が実践しているのか，という一点に帰着する。

　この章では，人間の連帯原則を，与えるという行為，貰うという行為，すなわち，ギブとテイクの人間ビヘイビアとして観察し，試論をたててみたい。疑問は，次から次に出てくるもので，研究はあくまでも，スタート地点を見いだしたという位置づけである。学問的な営為は継続してゆかねばなるまい[3]。

2　個人と共同体

個人としての人間

　冒頭商品論から開始するマルクス経済学の原論体系も，人間にとっての効用最大原理に着目してきた近代ないし現代の主流派の経済学も，根は一つである。それは，人間を個人として把握する，という方法である。簡潔に言えば，従来型経済学の枠組みは，方法論的個人主義であった，ということに尽きる。個人が個人で人生を終焉させるのであれば，集団性は発生しない。個人が他の個人とどのように連帯するのか，先人はどのような古典的書物を遺産として残してきたのか。宇野理論の土壌で育った私にとって，人類学とともに，学説史の分野も耕してこなかった畑ではあるが，個人の考え方の原点を見つめてみたい。

経済学ないし社会哲学の古典に依拠すれば，この方法論的個人主義はどのように論じられているのか。ジョン・ロックはイギリスの古典的な経験論的哲学者の代表格の一人であるが，『統治論』において，次のようにいう。

　　大地と人間以下のすべての被創造物はすべての人々の共有物であるが，しかしすべての人間は，自分自身の身体に対する所有権をもっている。これに対しては，本人以外のだれもどんな権利ももっていない。かれの身体の労働とその手の働きは，まさに彼のものであるといってよい。そこで，自然が準備し，そのままに放置しておいた状態から，彼が取り去るものは何であれ，彼はこれに自分の労働を混合し，またこれに何か自分自身のものをつけ加え，それによってそれを自分の所有物とするのである。そのものは，自然によって置かれた共有の状態から，彼によって取り去られたものだから，この労働によって他人の共有権を排除する何かがそれにつけ加えられたことになる。というのは，この労働は労働した人の疑いもない所有物なのであるから，少なくとも［自然の恵みが——引用者，以下同じ］共有物として他人にも十分に，そして同じようにたっぷりと残されている場合には，ひとたび労働がつけ加えられたものに対しては，かれ以外のだれも権利をもつことができないのである。／樫の木の下で拾ったどんぐりや，森のなかの樹木から寄せ集めたりんごを食べて生きている者は，たしかにそれらを自分のものとして占有したのである。その食物が彼のものであることをだれも否定しえない。それならば尋ねるが，それらがはじめて彼のものになったのはいつだろうか。それらを消化したときか。それとも食べたときか。あるいは煮たときか。それらを家へもち返ったときか。それともそれらを拾ったときか。もし最後に寄せ集めたときにそれらが彼のものになったのでなければ，それ以外の何によっても彼のものになりえないことは明白である。その寄せ集めるという労働が，それらと共有物とを区別したのである。その労働が，万物の共通の母である自然がつくった以上の何ものかを，それらにつけ加えたのである。こうしてそれらは，彼の私的な権利となった。(Locke 1689 = 1968：208-209)

この引用文から読み取られることは，個人としての人間が，まずもって，自分自身の肉体に対する所有者である，という神という創造主に対しての対等な契約者としての絶対的個人の設定が出発点になっていることである。彼の手が加えられていないのは，誰のものでもない共有物であり，それに対して彼の手が加えられて，自然から拾い上げられた「どんぐり」は彼の私有物であり，彼の労働生産物である，と規定される。

労働による私有化という発想
　ところで，なぜ，労働で私有物に転化するのか。その理由は，彼の肉体の動きは，まさしく彼のものだから，彼の肉体の動きによって，拾った「どんぐり」は彼のものとなる，というのがロックの説明なのである。所有の前提と支配の結果が，肉体の活動を通して，論理展開されていて，彼は「どんぐり」の所有者となる。
　この思想は，彼の労働全収権思想として何度もイギリスの近代思想として蘇るし，また，マルクスの労働する階級・労働しない階級の考え方の基礎的な命題ともなってゆくのである。では，なぜ，人間を全知全能の神のごとき絶対的個人として設定することになったのであろうか。まるで，一人の人間が，たった一人で，生存可能であるかの如き前提が設定されることになったのか。自然を加工する労働もひとり，生産物を消費するのもひとり，所有するのもひとりである。個人として人間が生きてゆけるという絶対的信頼が与件に想定されている。ひとりの人間が林檎を集めて食べ，それによって生存しているというのが個人の原型に隠されているのである。でも，さびしい彼は，自分の分身の配偶者を神から贈与されて，神の園を追放されたあとは，二人の世界が生きる基本形となってゆくはずである。集団に依存する・しないが，人間行動の基礎の基礎に隠されている。
　この与件としての個人生存様式は，アウタルキー型の経済の仮定であるといってよく，経済は自給自足が可能な，ロビンソン・クルーソー型の自然対個人の想定で，ひとつの完結体が設定されている。しかし，人間がひとりで生を全うするという前提は，現実の広範囲の常識的な人間観察によって否定

されよう。あえて想像すれば,『旧約聖書』の状況である。神が六日間で一人のアダムという人間を創りたもうた,彼は林檎以外の自然の恵みも享受して立派に生きていた,という神話以外に,一人の人間が生存しえたという根拠はない。生きるかもしれない。しかし,種として生存をバトンタッチできていないのである。イブという配偶者との共同生活があって初めて,人倫の共同体として社会が形成される。個人と個人が生きるために共同体を形成した。共同体が増えすぎると,親しさが多様性を帯びてくる。身内と他人のグラディエーションが形成されて,他人との接触様式が市場も含めて,様々に制度化されてゆく。しかしながら,このような共同体と共同体のあいだを繋ぐようなコミュニケーション様式も,人間の行動様式としては普遍的な原理に則るものでしかありえない。

　ロビンソン・クルーソーを想定してみよう。彼が絶海の孤島で,無人島での生活を始めた。しかし,小説での想定は,難破した自分たちの船から,貨幣も含めて,道具や食料をいただいた,もらった,というものである。所有権を問題にすれば,無断で拝借した,盗んだ,ともいえるであろう。そして,自分の共同体ができる。最初は,犬であり,次に奴隷のフライデーが加わり,二人と一匹の共同体的生存で生きながらえるのである。金曜日に仲間になったから,フライデーと名前を与えたのである。

自然の支配者としての人間

　すべての生きる出発点は,労働にある。これがイギリスの経験論哲学が導いた,人間の自然支配者としての絶対存在肯定の命題であった。しかし,本当に作ったのか。労働したのか。どんぐりや林檎はそこにすでに存在していたではないか。人間は,万能の創造主ではない。粘土を捏ねくり回して,成形したものでは断じてない。自然ないし神が,自然環境として人間の生存共生の生態系を用意していたのである。そこにある林檎をもぎ取った瞬間に,その林檎を自分の行為の客体としての林檎として,所有の意識を観念するのである。自然から奪ったと意識するのか,自然から恵んでもらったと意識するのか,このへんの差異は微妙である。奪った意識はうしろめたく,罪の意識を生む。恵んでもらったという意識は,これも負債の意識を生み,いつか

は自然にお返しをしなければ、感謝しなければ、それができなければ、神として崇拝しなければという、自然信仰の感情を醸し出す。

　このように、太古の昔から、人間は、農産物にしても海産物にしても、自然からの贈り物という意識で接してきた。これに対して、労働生産物であるという意識は、自分が自然をいかに支配したかを勝ち誇る意識である。自然からの恵み、という意識ではなく、自分の労働の粒がぎっしりと詰まっている、自分の分身そのものなのである。自然をどれだけ自由に変形できるか、これが人類のパワーの証明であり、自分の都合のいいように、自然も人間に服従するまでコントロールされる。なぜなら、自分は絶対的能力をもった神と対等な人間だからである、と。

　このような発想がイギリス経験主義哲学のすべてであるとは思われないが、近代の勃興はこのような、労働という苦役を投じたのだから、自分の所有権は自分で獲得した絶対存在で、それが脅かされるのは、自分に武力が足りないからで、自然を支配するのにも、武器が必要だし、自分の富と生命を守るのにも武器が必要である、という「唯武器論」が発生する。おそらくそれは一面では正しく、このような自然支配思想がなければ、人口と生産力の飛躍的増大は実現しなかっただろうし、近代の、資本主義と呼ばれる社会も実現しなかったであろう。

国家を形成する契約

　ところで、個人がなぜ社会や国家を形成するのか。イギリス経験主義哲学は、個人と個人が社会を作ろうという共通目的を形成して、ひとつの社会を作ろうという契約、すなわち社会契約を結ぶからだと説明する。ヒュームによれば、次のようになる。

> 　あらゆる人が個人的に行なったと推定される一種の精神的な行為、しかも、理性を用いるようになって以後、行なったと考えられる行為——もしそうでなかったら、そのような行為に何らの権威も認められないだろうから——が、驚いたことに、当の個々人すべてにこんなにもわからないものとなり、そのため、その痕跡や思い出が地球上のどこにもほとん

ど残されていないというのは奇妙なことである。／けれども，政府の基礎となっている契約は原始契約であると言われる。したがって，それはあまりにも古く，もはや現代の人々にはわからないのだと考えられもしよう。もしこの原始契約という言葉が，原始人が初めて社会を造り，互いに協力し合うためにも相互にとり決めた協定を意味するのだとすれば，確かにそのようなこともあったに違いないと思われる。だが，それにしても，それはあまりにも古く，政府や君主の無数の交代によっていつとはなしに忘れ去られているので，それが今でも権威をもっているとはとうてい考えられない。／原始契約の内容をもっと的確に表現しようとすれば，今日合法的とされ，臣民になんらかの忠誠義務を課しているすべての政府は，最初はみな同意と自発的な契約とを基礎にしていた，と言うべきであろう。そうは言っても，そのような原始契約そのものは，世界中のどんな時代，どんな地方においても，けっして歴史的，経験的に正当化されてはいないのだが。そのうえ，この原始契約のうちには，父祖の同意がその子孫を後の後まで拘束するという仮定［本来，共和制の立場をとる著述家にとっては，とうてい承認されえないはずの仮定——原文］までも含まれているのである。／現に存在している，あるいは歴史のうちになんらかの記録をとどめている政府は，そのほとんど全部が，権力の奪取かそれとも征服に，あるいはその両方に起源を持っており，人民の公正な同意とか自発的な服従とかを口実にしたものはない。(Hume 1748 = 1968：540-541)

ここに見られるように，政府というものの発生の由来は，方法論的個人主義の立場に立てば，各個人の自由で平等な主体的責任による相互契約，すなわち原始契約の想定という筋道しか考えられない。原始人は，人と人との関係をどのように取り結んで，政府なり国家という人間の組織ないし集団，言い換えれば，一種の共同体を構築するに到ったのか。それは，ヒュームからすれば，ヒュームの生きた時代の，当時の現代人の行動原則から類推するしかないのだというのである。契約が個人の間を繋ぐ紐帯である。このような人間の行動様式は，個人が集団から自立している状態を前提にしている。そ

のような個人は，各個人が自分の欲望充足最大の行動原則によって単独に判断して，単独に行動する。人と人とは，各自の欲望充足が最大になるように，より多くを得ようとする。より多くを与えることは，自分の満足が得られないので，個人主義の行動原則からは想定できない。約束を取り交わすのも，交換行為の同意を証拠として残すためである。証拠がないと，紛争になったときに，不利になる。それでは，政府を創造しようという約束は，個人がなにを基準として行動した結果なのであろうか。この問題は，論理的な推測やアナロジーを使って解明しようとすれば，個人としての経済人の行動分析としては，かなり困難な課題となる。交換は，個人と個人がギブとテイクの合意が形成されて，それをお互いの守るべき約束として，認識することを媒介とする。この内容を確認する手段が，契約である。国家をつくる個人と個人が，さて，どのような契約をするというのだろうか。

　まず，その契約の行為主体は個人である。そのような個人を超越する政府や国家が個人の契約の結果として誕生させるという事態そのものは，ある意味で，個人存在の自己否定を帰結させるのであって，不可解きわまりないことだと言わなければならない。個人主義の方法が個人存在の自己否定を始めるのである。政府や国家が臣民に忠誠を強制する強力な組織として，個人の意思を超越する上位主体として君臨すること，それは事実としては厳然たる事象である。その解釈は，ヒュームの属する近代思想の系譜の理論を使えば，つまり，個人の存在を与件とする方法に立てば，各自が各自の最大幸福を追求したなんらかの帰結としてしか，国家形成の社会契約を締結したと理解するしかない。

　何のために社会を創造しなければならないのか。個人の存在を前提にした状況が自己の幸福最大に矛盾するから，という理由にほかならない。社会に原始契約の痕跡が残っていて，その契約内容が類推されるようであれば，社会契約説は説得力をもつであろう。生まれた場所に規定されて，どこかの国家共同体に属す。これを繰り返してきたから，ヒュームは，最初に国家を形成した契約が見えなくなったのだともいう。その，国家共同体の起源は，経済理論として，どのように，立論できるであろうか。ここで，さまざまな思索を試みてみよう。

『桃太郎』の寓話

　人間は，不思議な動物である。人間と人間が，何を契機に，何のために，どのようにして紐帯を形成するにいたるのか。比喩的な寓話を使うことをお許しいただきたい。「桃太郎伝説」を説明のために，具体例として取り上げてみよう。
　まず桃太郎は，腰に吉備団子をぶら下げて，鬼が島めざして，勇躍として歩いている。それを通りすがりの猿が見て，声を掛ける。その団子がほしいのだと，懇願するのである。桃太郎はここで思案する。家来がほしいと思っていたが，猿は家来に値するだろうか，と。その結果，桃太郎伝説では，猿からの贈与懇願に，交換条件を付けて同意する。自分は今から，鬼退治という戦をする。その戦士として従軍するなら，おまえの申し出は受ける。猿は，ここで思案する。団子をもらうことで，自分の個人としての自由行動を捨てなければならない。桃太郎と贈与を繰り返す。その場合，贈られた以上の反対贈与を実践することを競争的な贈与としてポトラッチと呼ぼう。人間は特定の相手とギブとテイクを繰り返す。このポトラッチこそは，個人と個人を繋ぎとめる，太古の昔からの，唯一無二の紐帯形成方法なのだといえないであろうか。だれかとポトラッチをしなければならない。その相手を見極め，あとは決断するだけである。
　鬼が島で，主従共同体としての戦士共同体＝桃太郎軍団は，鬼の金銀財宝を略奪の限りを尽くして奪う。また，鬼たちの首を刎ねる。略奪は，負の贈与行為であり，それなりに，復讐原理で，連鎖してゆく。もし，鬼に子供が生存して，親の仇，という敵意形成を増幅させれば，復讐戦争が惹起されるであろう。かりに，鬼軍団が戦争の最終勝者になれば，その時点で，戦国大名国家の乱立を統一したことになろう。戦士共同体が，国家共同体であり，その宿命は絶えず，隣国と勝負しなければならない，ということになる。なぜ，このような負の贈与連鎖が，暴力行使として発生したのかは，それも人間の接し方の一つとして，とりあえずは，太古の昔から伝統的に継承してきたと言っておこう。これは，正の贈与・負の贈与の理論として整理してみることもできるであろう。正の贈与は味方をつくり，負の贈与は敵をつくる。

しかしながら，社会科学のなかで，このような贈与論的解釈を樹立させたのは，宇野理論の価値形態論で，交換行為が，一種の「ギブ・アンド・テイク」だと解釈した功績を除けば，マルセル・モースの『贈与論』研究くらいしか存在しない。モースは，贈与を人類の共通な強固な岩盤といったが，動物が共同体を形成するときにも，同様な贈与交換や，世代を超えたポトラッチは存在するようである。

契約に先立つ共同体
さて，ヒュームに戻って，かれは如何なる国家形成のロジックを提起するのか，確認作業を開始しよう。

> 策略に富んだ大胆な人間にとって，たまたま彼が軍隊や徒党の首領になっている場合には，ときには暴力をふるい，ときには偽りの口実をもうけて，自分の仲間の百倍にも及ぶ多数の人間を支配する権威を確立することも，さしてむずかしいことではない。彼は敵方が自分らの人数や力を正確に知ることができるような，そんな相互連絡の自由を許しはしない。また，彼らが自分に対抗するために団結するいとまも与えはしない。権力奪取の際に，彼の手先となって働く人々でさえも，腹の底では，みな彼の失墜を望んでいるのかもしれない。けれども，彼らがお互い同士の胸の中を知らないでいることが彼らをいつまでも尻込みさせておくのであり，それがまた，彼の安泰のただひとつの原因となっているのである。／以上のようなやり方で，これまで多くの政府が樹立されてきた。したがって，以上のような事がらが，あの誇らしげに語られる原始契約の内容なのである。／小王国が発展して大帝国となり，大帝国が分解して小王国となり，植民地が建設され，民族移動が行なわれる。こうして地球の表面はたえまなく変化していく。この間のいっさいの出来事のうちに認められるものは，力以外の何物であろうか。さかんにもてはやされているあの相互協定とか，自発的結合とかは，いったいどこで行なわれていると言うのか。(Hume 1748 = 1968：541)

ヒュームの分析では，国家の歴史は，国家の内部では暴力や権威による支配の歴史，国家と国家の対立の歴史は，弱肉強食の力による征服の歴史だとされる。

　このように客観的事実として歴史を眺めると，自由で平等な社会形成のための人民のあいだの原始契約など，どこにも存在しない。そのかわりにヒュームは，「仲間」や「徒党」や「軍隊」などの概念を用いる。軍隊とは，戦争を遂行するための，武装した人間集団，言い換えれば武装せる共同体のことである。徒党は，人々が生きるために群れる，ということである。党には，人間の集合体，という漢字的語源がある。仲間は，共同体を形成することになる同一の帰属意識，アイデンティティを共有する人間集団という意味である。家族という概念は，ここでは登場していないが，世代を再形成するための，生活と生殖の基礎共同体のことである。この家族にしろ，ムラにしろ，群れる，ということであり，いくつかの家族共同体が群れた存在がムラ＝村落共同体なのである。人間は，家族の内部に生を授かる。人間はごく自然発生的に，共同体の内部に，共同体の一員として生まれている。この厳然たる事実をヒュームは認めているのである。契約以前に共同体は形成されている。出産は生命の贈与そのものなのである。

　契約は，気持ちの形成プロセスなのかも知れない。出産も親が子に対する育児の決意を伴う行為だとしたら，子を育てる契約をその子と交わしたのかもしれない。婚姻による夫婦の共同体は，ある男とある女が出会い，それぞれが親の共同体から独立して，場合によっては親の共同体の内部に，新たに家族共同体を結成することでできる。このとき，意識なり合意なりが醸成されて来る。その集大成が婚姻儀式での契約である。この共同体形成のためには，コミュニケーションが必要である。そのときに，言葉の贈与とともに，物の贈与が行なわれる。物を贈与した上で，口上がなされる。口上とは，言葉を相手に与えるという行為のことである。

　育児の環境がない場合は，稀に，親の肉体から分化して生まれ出た子を，産み落として捨てる親もいないわけでもない。捨てる行為は，自分の行為の客体から排除する，ということである。愛情とは，繰り返しの行為によって醸成される感情のことである。所有の意識は，繰り返しの主体的行為によっ

て，主体が客体に対して観念する，自分のモノという帰属意識のことである。所有の意識は，愛情の意識を伴う。その子が，意識を形成し，親に対して能動的な行為を行なうとき，親と子は，独立した主体同士の関係として，贈与行為ないしポトラッチの親密な相手と認識される。この子とはもうポトラッチをしない，と決断したとき，親は子と分離したり，捨てたり，共同体拒否行為に走るのである。命の贈与行為をしたのだから，その後は，だれかが贈与行為を継続して育ててやらないと生命維持が不可能になるのは論をまたない。捨てる行為は，ある種の，負の贈与なのかも知れない。

3 アダム・スミスの交換性向と経済学の前提としての個人

アダム・スミスの正と負の遺産

　イギリス経験論哲学の熟成は，経済学の理論体系としての開花を準備した。労働価値説や分業論，自然対人間の図式といった諸前提は，このようなイギリス経験論の成果を継承した帰結である。

　アダム・スミスは，交換性向という概念と同時に，共同体は過去の遺物であるという前提を経済学に，遺産として残した。ここでは，人間は交換する動物であるという与件は，正の遺産として継承し，人間はその結果，共同体を廃棄したという命題については，負の遺産として，相続を放棄する，という立論を展開することにしたい。

　『道徳感情論』と『国富論』がスミスの残した代表的な著述であろうが，その場合でも，人間存在は個人であり，共同体の一員としての人間ではない。近代の社会が形成されるということは，古い共同体が分解されて個人を創生することと同値であるとみなされるのである。この見解は，資本主義社会批判をベースにしたカール・マルクスに相続される。資本主義の社会を構成するのは，個人なのだと。はたしてそうであろうか，人間は個人であると同時に，なにがしかの共同体を形成している，これを交換理論のなかで，跡付けたい。社会学でいう「社会的交換」の経済理論への導入という言い方で，資本主義まで説明を試みたい。

個人と共同体を論理的に整序する

マルクスは,共同体⇒個人⇒共同体,という壮大な人類発展史をグランド・デザインとして示して見せた。けれども,資本主義に,家族は存在しないのか,国家は存在しないのか,と,マルクス主義を信奉しつつも,疑問の念が心のどこかに残っていた。宇野理論でも,家族は存在していなかった。国家も存在していなかった。そんなややこしい理論は,理論としての範囲を逸脱している。社会学の領域である。経済学は,国家の類型を資本主義の類型として,段階論領域で論じれば事足りるのだ,という教条であった。共同体は,理論的には説けないという結論であり,例えば,大内力は,原論を展開する前提としての公理に国家という枠組みがあるといい,山口重克は,説けるものなら説いてみるがよいと述べ,説けるとしても,さまざまな共同体という類型的な理論しかありえない,というのが宇野学派の基本姿勢であった。

ここでは,個人と共同体の双方を矛盾なく理論的な前提の基礎のうえに,論理的に整序することを課題とする。その際のキー・ワードは,ひとつはコミュニケーション満足・連帯感の充足という概念であり,もうひとつは,贈与と反対贈与のポトラッチ,最後に名誉追求的競争行為である。いずれも,人間の普遍的な行動原則の諸問題の次元の解明が重要であり,そのことで,普遍的な社会構造の基礎形成を説明しようという行動論的アプローチを意識している。資本主義社会という認識は,特殊な社会という前提で成立する議論だが,人間の形成する社会に特殊な社会はありえない,という哲学的論理を証明してみたい。

スミス経済学の根幹

スミスは,『国富論』冒頭で,労働と分業を考察する。

> 労働の生産力における最大の改善と,どの方向にであれ,労働をふりむけたり用いたりする場合の熟練,技能,判断力の大部分は,分業の結果であったように思われる。(Smith 1776 = 1968:9)

このように,スミス経済学の根幹は,イギリス経験論の伝統を踏まえて,

人間の労働であるとされ、その労働の能率が生産力の概念で与えられ、それは、分業に依存するとされる。しかし、人間は労働によって、自力で生きているのだろうか、自然からの恩恵で生かされているのだろうか。この問題は、傲慢な人類中心主義史観で経済学を見るか、自然従属的環境依存的な弱者的存在としての人類共同体を経済学で想定できるか、という重要な分岐点をすでにはらんでいる。

農業労働と工業労働との差異

　労働という場合に、農業労働と工業労働に分けて前提してみよう。木の実や草の実を拾うような対自然の農業労働と、その木の実や草の実を加工して粉にし、さらに加工してパンを焼くような、高度な変形・加工の労働、端的にいえば工業労働とは、何かが本質的に異なるのではないか。

　この場合に、われわれは、日常会話で、自然の恵みで生きる、ということを表現する。そのとき、農業労働で生きる、という意識はどこかに置き忘れている。恵み、という場合、それは、恵み与えられた良き自然というものがあって、自然を知らず知らずのうちに擬人化して把握している。自然が人智の及ばない神的存在であるとしたら、自然を神格化しているとも言える。人間を自然の支配者であると前提すると、人間が自然を自由に改造した結果、ドングリが入手できた、という認識になろう。しかし、人間はDNAからドングリを設計したわけではない。自然界は、人間の手の及ばないところで、生命自身の自己増殖現象として、ドングリの実が命として発現してくるのであり、人間が加工しているわけではないのである。したがって、自然が、擬人化して言えば、人間にドングリの実を贈与しているともいえる。しかし、自然から生きる術を贈与された、いつかは自然に御礼をしなければならない、という、人間と自然とのポトラッチが始まってゆく。感謝をすることは、また贈与をしてくれ、自分たちを見捨てないでくれ、という気持ちの醸成に繋がる。

　この原始信仰的な自然理解は、原始人の迷信だというのが、近代合理主義の見解である。どこにもポトラッチの相手はいない。あるのは、自然そのもの、環境そのものでしかない。擬人化した相互贈与関係は、贈与の相手が存

在しないのだから，これは贈与ではない。ではなにか。それは人間の高尚な活動としての，労働の成果である。労働さえすれば，なんでも入手できる。これが自然を意のままに操る万能の神としての人類・人間理解なのである。その場合，生産力が低ければ，自然を支配できないだろう，支配の秘訣は分業的労働だ，ということになる。

　ダムさえ造れば，電力は，思うがままに生産できる。原子力さえ制御できれば，電力は，思うがままに生産できる。これが人間の自然支配力である。しかし，地震でダムが決壊したら，一瞬のうちに人類の生存もろとも，否定される。あるいは，ダムのなかに土砂が流入したら，それは単なる土手になってしまう。原子力は，その物質から放射される放射線が人類をあっという間に破壊してしまう。自然を制御する，これは幻想にすぎない。米を生産した，これも幻想にすぎない。人間は，米が発芽しやすい環境設定に努力しただけなのであって，米までは生産できないのである。生命が遺伝子情報に従って発現したという点では，人間も米も同一である。そこには何らの優劣や支配・被支配の関係もない。ただ，一方が他方の生命維持のために，生命体を贈与された，もしくは受け取ったという生命と生命の関係が存在するのみである。

　それに対して，工業労働は，目に見えて，生産を実感できる。人間がものを加工できるのである。つまり，二元論でいえば，主体と客体の関係性が意識しやすいということになる。アダム・スミスは，自然物である石ころを，人間が，有用物である釘ないしピンに変える創造主の手を有する自然界の支配者であることを，分業論によって高らかに宣言する。

> とるにたりない製造業ではあるけれど，その分業がしばしば世人の注目を集めたピン作りの仕事をとってみよう。この仕事のための教育を受けておらず，またそこで使用される機械類の使用法にも通じていない職人は，せいいっぱい働いても，おそらく1日に1本のピンを作ることもできなかろうし，20本を作ることなど，まずありえないであろう。ことろが，現在，この仕事が行なわれている仕方を見ると，作業全体が一つの特殊な職業であるばかりでなく，多くの部門に分割されていて，その大

部分も同じように特殊な職業なのである。ある者は針金を引き伸ばし，次の者はそれをまっすぐにし，3人目がこれを切り，4人目がそれをとがらせ，5人目は頭部をつけるためにその先端をみがく。頭部を作るのにも，二つか三つの別々の作業が必要で，それをとりつけるのも特別の仕事であるし，ピンを白く光らせるのも，また別の仕事である。ピンを紙に包むのさえ，それだけで一つの職業なのである。このようにして，ピン作りという重要な仕事は，約18の別々の作業に分割されていて，ある仕事場では，そうした作業がすべて別々の人手によって行なわれる。……それでも精出して働けば，1日に……4万8千本以上のピンを自分たちで製造できたわけである。(Smith 1776 = 1968：11 - 12)

アダム・スミスがここで分析しているのは，資本制的生産の黎明期に相当するマニュファクチュアの，工場内分業の威力である。マニュファクチュアは，「マニュ」が，手や指による，という意味で，「ファクチュア」が作るという意味であるから，手工業という直訳になるが，一か所の作業場が工場であって，そこに集うことに意味があるので，工場制手工業と訳される。そこでの人間労働は，集団を組んで，作業を細かく分業することで，何倍もの作業効率が獲得された。この作業が機械に代替されるのも，時間の問題で，イギリスが「世界の工場」と称賛されるようになる。経済学が生産という概念や労働という概念を多用するのも，人間の手が自らの意思と労働で，人間の生存手段をクリエートするという認識があるからにほかならない。

人間集団と自然界の贈与交流
しかし，ここでの工業万能論は，見せ掛けの万能論であり，重農主義がいうように，農業での自然依存が基礎にあるのである。重農主義の経済学は，農業労働が基礎であるという論点であるが，農業労働といえども，自然からの贈り物を頂戴する儀式的な振る舞いではないかと思うのである。労働を自然に贈与する。つまり，田植えなり種蒔きなりの，種子の贈与，自然の整備の贈与を行なって，収穫の秋まで，自然を眺める。秋になると，自然は，大量の果実を人間社会に贈与してくれる。また，夏の草むしりは，自然にたい

する負の贈与とも意味付けしうる。このように人間は，集団を形成しながら，みんなで，額に汗して，他の生命集合体と交流しているのである。

そこで，さらに贈与という観点を基礎にして，労働・生産過程としての，人間と自然との物質代謝プロセスを解釈し直してみよう。原料となる鉄ないし鉄鉱石は，自然界から取ってきた。自然が擬人化されると，自然が人間に与えたもうた，ということになる。鉄が液体と固体の変態をするという発想がなければ，製鉄の作業のきっかけにはならないが，おそらく，火山の噴火で，溶岩の流れを観察したのであろうか。人間が自然を模写しなければ，鉄の生産は開始しない。自然のように高温を再現しなければならない。そこで，人間は燃える石を見つけて，自然が燃えるように，石が燃えて溶け出す状況を作り出す。自然界に労働を加える，という関係である。贈与と贈与の連鎖が人間の，他の人間との唯一無二の付き合い方だと仮定すれば，人間と自然との付き合い方も，おのずと，決定される。自然界から贈与を受けて人類は生き延び，そして，その自然界には，労働やその他のアクションを通して，絶えず，反対贈与を行なう。祭りや捧げものの共同体的儀式は，人間集団と自然界の贈与交流そのものという現象として解釈される。

ポトラッチ的行動様式の拡大

ところが，経済活動が，牧歌的な自然との贈与交流という次元を乗り越えるときがきた。その時代が，18世紀と19世紀と20世紀の，狂気の金儲け至上主義に従属する資本主義経済ということになる。

生産力を飛躍的に増大させようとするには，なにかの契機が必要である。生きるために，自然の恵みをいただくという悠長な行動原理では，効率性競争は誕生しない。その秘密が，マネーゲームとしての経済の誕生だったと解釈される。毎日の生活を継続する分には，マネーゲーム的要素は必要ではない。しかし，金儲けビヘイビアが導入されると，経済は，だれが一番儲かったのか，勝者はだれか，敗者はだれか，名誉はだれの手に，という競い合いの行動様式となってしまうのである。

この，自然経済と貨幣経済の境界を説明するのが，行動理論としての経済学では，非常に困難である。現象として説明する方法としては，歴史を模写

すれば足りる。すなわち、人間が金儲けという行為に熱中する時代と場所が歴史的にある地域で発生した、と言えばよいだけである。名誉を追求する行為が、伝統的な太古の昔からの共同体の人間行動様式のなかに、皆無だったかと言えば、そうではない。すでに、共同体の内部でも、優劣を競う競争的ビヘイビアは存在していたとみるべきである。まず、生産物の芸術性を競う、張り合いがあったであろう。良いものを作った、おいしいものを作った、これらは称賛の対象になる。称賛されると、人間は、もっと頑張ろう、もっといいものを作ろう、というように、エスカレートする。職人の登場である。この作品でいい仕事をしたと褒められたい。軍人は、他の共同体が攻撃を仕掛けたときに、自分たちの共同体を守って、相手に勝利した、としよう。勝てば称賛される。負ければ肩身が狭い。立派に勝利したと、名誉が欲しい。

　商人はどうであろうか。金をなくすことは破産であり、不名誉なことである。金を儲けることは、財産を大きくしたことであり、それでポトラッチが可能となる。財産それ自身が称賛の対象にもなる。安く買って高く売る行動様式が、ポトラッチ的贈与競争から直線的に自然発生するわけは存在しない。相手に多く与えるというのがポトラッチの基本であり、相手から多くの貨幣を取るような逆の行動原理は、その発生機序を説明するのは、困難である。もっと安くしてくれ、と買い手の商人は値切る。もっと高く売りたい、と売り手の商人は努力する。これは、相手により多くを与えて、今後の付き合いを期待するポトラッチ・ビヘイビアとは、一見するところでは、逆のように見える。しかし、こうも言うのである。あなたと今後も取引きを継続したい、つまり、永く付き合いたい、次回も購入するから、今回は、安くしておいてくれ、とりあえずは負けてくれ、と懇願するのである。客がまた来るかどうかは、未来の不確定性に属する事柄である。しかし、その言葉を信じるのである。じゃ、安くしとこうか。有り難い、ほんとに有り難い、恩にきるよ。このように、負けてもらって、付き合いを継続する交換相手ということになる。

　つまり、商売でもポトラッチ的行動様式が基本になる。義を感じる、義理がある、借りがある、助けてもらった、次は自分の番だ、という負い目のコミュニケーションが人と人の付き合いの基本となる。資本主義であろうとな

かろうと，人間の行動様式は普遍的なものなのだといえよう。商売に義理や人情が絡んで，人間関係が拡大してゆくのである。

4　フェアケールの拡大としての人類の発展理論
　　——『ドイツイデオロギー』の検討——

　ところが，このような商人の交換ビヘイビアは地球上のいたるところにあったはずである。ここで問題は，なぜ，商人が羊毛工業を組織して，あるいは産業資本家に発展しつつ，大量生産の資本主義的な行動様式を普遍的なものにしてゆくことが可能となったのか，ということである。従来の原論の常識では，この説明は，貨幣の性格としての物神性に依存してきた。つまり，商品経済の世界に貨幣が発生してくると，貨幣には無限の欲望を喚起する物神性が宿っており，人間には，無限の貨幣蓄積衝動が発生して，利潤率極大化の資本家的行動様式となる，というものである。本当にそうであろうか。『資本論』での考え方は，たしかにそうだが，初期の自由な共産主義思想を試行錯誤していた時代のマルクスとエンゲルスは，人間は活動範囲や交流相手を拡大したがる本能のような側面があることに注目していたのである。

歴史発展の動力
　商人が世界的に活躍するグローバリズムの時代は，交易や付き合いの相手が地球規模で遠隔地に拡大することであり，15世紀からのヨーロッパ世界主導の大航海時代がまさしくそうであった。ここで，マルクスとエンゲルスが，共産主義の理想とはどういうものかという論点をめぐって，この問題を哲学的に考察した，かの，『ドイツイデオロギー』で取り上げたフェアケールの拡大としての人類の進歩という歴史観を検討することにしよう。商人は世界の未知の領域へと冒険して航海に乗り出す。マルクスは歴史発展の動力を，次のように叙述する。

　　われわれが出発する前提はなんら任意のもの，なんら教条ではない。それは，ただ想像のうちでのみ捨象されうるところの現実的な前提である。

それは現実的な諸個人，かれらの行動であり，そして眼のまえにみいだされもすれば自分自身の行動によってつくりだされもするところのかれらの物質的な生活条件である。したがってこれらの前提は純粋に経験的なやりかたで確認されうるのである。／すべての人間史の第一の前提はもちろん生きた人間的個体の生存である。……すべての歴史記述はこれら自然的な基礎と，歴史の行程での人間の行動によるこれらのものの変更とから出発しなければならない。(Marx‐Engels 1933 = 1956 : 24)

この生産は人口の増加とともにはじめてあらわれる。人口の増加はそれ自身また諸個人相互のあいだの交通（Verkehr）を前提する。この交通の形態はまた生産によって制約されている。／種々の国民相互の関係は，どの程度までこれら諸国民のそれぞれがその生産力，分業，内部交通を発展させているかにかかっている。(Marx‐Engels 1933 = 1956 : 25)

マニュファクチュアそして一般に生産の運動は，アメリカと東インド航路との発見とともにはじまった交通の拡大によって，すばらしい飛躍をとげた。そこから輸入されたあたらしい生産物，ことに大量の金と銀（これらは流通に投じられ，階級相互の地位を全体的に変化させ，封建的土地所有および労働者にひどい衝撃をあたえた），探検隊，植民，そしてなによりもまず世界市場への諸市場の拡大（いまやこれが可能となって日ましに達成されていった）。［但し，（　）の中は全集版テキストの編集者による補充である。以下同じ。］(Marx‐Engels 1933 = 1956 : 84)

ブルジョアは，手がるにかれの言語から商業的なつながりと個人的あるいは一般人間的つながりとの同一性を証明する。この言語そのものがブルジョアジーの産物であり，したがって現実の場合とおなじく言語の場合にも商売の関係が他のすべての関係の基礎とされているだけに，ますますそうである。たとえば propriété は所有および特性，property は所有および独自性であり „eigen" には商業的および個人的な意味があり，valeur, value, Wert（価値）や commerce, Verkehr（交通，取引）や，

échange, exchange, Austausch（交換）などもそれであって，これらは商業的な関係にも諸個人そのものの特性やつながりにもつかわれる。（Marx - Engels 1933 = 1956：175）

コミュニケーション満足最大化の行動原理

このように，マルクスやエンゲルスの思想の一面は，執筆後の生前の出版が頓挫した『ドイツイデオロギー』に読み取れるが，そこにおいては，歴史の発展とともに，人間社会としての交通の範囲が拡大すること，すなわち人類の交流や交易の拡大こそが，個人的な交換や商売的な商品経済の両方の意味において，社会発展の動力であると示唆されている。

マニュファクチュアの飛躍的生産力は，ブルジョアジーの登場という側面もあるが，あらたなヨーロッパ世界にとってのポトラッチ相手の登場というのが交通の発展がもたらした結果なのであって，毛織物を与えて，自分らが欲しい貴金属（金や銀）を得たいがための窮余のあがきだったのである。機械制大工業によって綿織物が大量生産されてゆくが，交易の急速な拡大がヨーロッパ社会に要請した贈与手段（物々交換手段）の増産を不可欠ならしめた，ということにほかならない。そして，理想社会は，世界規模で，交通そのものが目的意識的に生産されることで，つまり，人類のコミュニケーション満足最大化の行動原則で実現する，という構想が読み取れるのである。ブルジョアジーは，その，交易というコミュニケーション世界の拡大の，真の意味での，アドベンチャーであったのである。そこに，商業の契機が埋め込まれていようが，友情の契機で交換しようが，紐帯が生まれることは確かである。

しかし，ポトラッチが拒否されれば，戦争的な状況が発生したことも事実で，強いほうの文化に吸収されて，商業世界の均質性が，徐々に形成されてゆく。交流するためには，言語を統一しなければならず，強者の言語や流儀が，多数がそうなっているから，と雪崩を打って，拡大するのも，国際標準化や世界言語，商品のモジュール化などのグローバリゼーションの宿命である。商人によるグローバリゼーションが不純で，世界革命によるグローバリゼーションが純粋な共産主義だと，断定できるであろうか。ともに，人間の，

コミュニケーション満足最大化行動原理のなせる業なのであろう。

　食事をするのも，共同体で実践するのが満足最大である。この食事は，だれかがだれかに食事を贈与する，食べさせる，ということで成立する場合が原則であって，自給自足は，自分が自分に贈与する例外贈与として解釈することはできないであろうか。

5　マルクス理論における個人と共同体

マルクス理論の人類発展史観の概要

　マルクスやエンゲルスの初期の思想のなかには，交通形態の発展としての人類社会発展というフェアケール理論が見られたとはいえ，それは，マルクス理論の主軸ではない。主軸は，あくまでも，共同体⇒個人⇒共同体，という人類発展史観である。

　最初の「共同体」は，太古の昔に実在したはずの「原始共同体」のことである。これは，商品経済の浸透が共同体の内部にもおよび，さまざまな類型の共同体を形態的に変化させつつも，最終的には分解されてしまう，歴史的実在としての共同体諸類型のことである。そこでは，生産力の上昇＝剰余の発生＝交換の発生＝支配と被支配の発生＝階級社会の発生，これらの事態がほぼイコールで理解されている。

　次の「個人」は，商品経済的行動主体としての流通主体ないし経済人のことである。資本主義社会の成立によって，資本の原始的蓄積という歴史上の前提を経て，資本家も個人としての流通主体，労働者も個人としての流通主体，地主も個人としての流通主体として，理論の前提的事実という実験室仮定はあるものの，社会構成すべてが個人としての人間と措定される。経済原論の世界は，このようなイメージであり，スミスやマルクスにあっては，共同体は過去の遺物，宇野理論の方法論にあっては，共同体は事実として資本主義社会に実在するとしても，対象から捨象して論じることで，理論展開が初めて可能となるという認識である。

　最後の「共同体」とは，社会主義や共産主義を実現する人間の自由な結合体としての理想郷的な共同体のことである。国家が死滅し，貨幣が死滅し，

商品経済が消滅し，資本主義が克服され，階級社会がアウフヘーベンされ，自由と平等と，消費されつくせないほどの高い生産力が実現し，分業も，職業も，消え果てたあとの共同体という目標社会のことである。国家が消えるのであるから，戦争もないのであろう。武力や暴力そのものが死滅するかどうかは，マルクスは，明示的には示してはいないが，理想の類推が許されれば，負の要因は存在しないのであろう。

封建社会の解体によって生まれる個人

では，マルクスは，文献的には，個人と共同体の関係を，どのような叙述で，残しているのだろうか。『経済学批判要綱』は，原題のドイツ語読みで，『グルントリッセ』と呼ばれて，マルクス経済学研究者に読み継がれている名著であるが，書き出し部分を拝借すれば，次のようになる。

> 社会のうちで生産しているもろもろの個人——したがってもろもろの個人の社会的に規定された生産が，当然，その出発点である。スミスやリカードーが出発点とする個々の孤立した猟師や漁夫は，18世紀流のロビンソン物語という，幻覚をともなわない構想物の一つではあるが，けっして文化史家の考えるように，たんに過度の洗練醇化にたいする反動や，誤解された自然生活への復帰を表現するものではない。それがこのような自然主義にもとづくものでないことは，生まれながらにして独立している主体を契約によって関係させ結合させるルソーの社会契約がそうでないのと同様である。このような自然主義は，大小のロビンソン物語の仮幻であり，しかも，ただその審美的仮幻であるにすぎない。それはむしろ，16世紀以来準備されて18世紀にその成熟への巨歩をすすめた「市民社会（ブルジョワ社会）」を予想している。この自由競争の社会では，個々人は，それ以前の歴史時代を彼に一定のかぎられた人間集団の一員にしていた自然の紐帯その他から解放されて現れる。スミスやリカードーがまだまったくその影響下にあった18世紀の予言者たちは，18世紀のこうした個人——一方では封建的社会形態の解体の産物であり，他方では16世紀以来新たに発展した生産力の産物である——を，過去

に実在した理想として思いうかべていたのである。歴史の結果としてでなく、歴史の出発点として。(Marx 1857-58 = 1958 : 5)

　みられるように、個人という人間定在は封建的な社会関係の解体の産物である、との認識がマルクスの哲学の基礎的土台である。ルソーが仮定するように、人間は当初から独立せる主体であったわけではない。ロビンソン・クルーソーの孤島生活は、人間生活の本質の解明に役立つストーリーではないのである。個人の存在は、市民社会の予想のもとに生まれる考え方であって、ブルジョワ的な自由競争社会になる以前は、人間は人間集団の一員として、共同体に埋没した存在であったのだ。しかし、共同体の一員としても、人間は、個人的な行為の主体として、ポトラッチ的な贈与ビヘイビアの当事者であったのである。
　マルクスの認識は、封建的社会関係では人間は共同体に埋没した集団であり、資本主義という強大な生産力の発展が封建的諸関係を解体すると、人間は、個人へと、紐帯を振り解くことができる、というものである。マルクス主義は、共同体の牢獄を解体した資本主義の前進の力を讃美し、個人の主体的形成を讃美し、市民としての自由を讃美する。しかし、そこには、生産手段の所有を独占する資本家階級と、生産手段の所有をなしえないプロレタリアート・労働者階級の対立と矛盾があって、封建社会から数えて三番目の社会主義社会が、生産手段共有の原理のもと、自由な個人の形成する共同体を基礎に形成される、という。

二つの時代に通底する社会理論の必要性
　このマルクス主義には、以下のような疑問がある。資本主義と封建主義の社会の原理の認識次元の問題で、個人の社会と、共同体の社会という、明確な二分法が存在するのか、という基礎的疑問が残る。資本主義とされる現代社会でも、家族という共同体や国家という共同体が、あるいは企業という共同体が、強固に人間の生活の基盤次元で存在しているではないか。これは、封建社会の家族共同体や国家共同体や、さまざまな共同体と、多少の様相の差異はあるにしても、基本は同じ共同体的人間関係を基礎にしている。この

批判は，同様に，封建社会にも，市場が存在し，資本家も利潤追求的な行為も実践され，個人が，その意味では，確立していたではないか，という批判ともなる。

そうだとすれば，社会科学は，封建時代にも資本主義時代にも，通底する社会理論を形成せざるを得なくなる。あるいは，生産力の発展は，ブルジョワ革命の基礎となったかもしれないとしても，貴族階級が没落した事実はあったとしても，共同体と市場と利潤追求と，個人と個人の付き合いの基本原理は，なにも変わっていない，というべきなのかも知れない。

贈与による人間関係

ここで，企業というのが，仮に，共同体の一種のカテゴリーに属するという認識ができるとしよう。しかし，企業は，市場を前提に発生する。市場は，個人の利潤追求を発展させる。しかしながら，どう転んでも，個人が主体の市場から共同体なるものが，また，再生してくるのである。

まず，個人が，自己の所有客体（モノやサービスやファシリティーズ）を自分のモノと認識する意識下において，活動している。このときの人間の行動の原理は，自分のなんらかの行為によって，自己満足を最大にしようというものである。この満足は，人間がモノを対象にして行為を行なう場合によって得られる満足最大と，人間が自分以外の人間を対象にしてコミュニケーション行為を実践し，それによって得られる満足最大に二分される。

人間が，自分のものによって，自分の行為で満足最大を得るためには，たとえば，乗り物であれば，自分で乗らなければならないし，食べ物であれば，自分で食べなければならない。これを消費的自己満足行為と言ってもよい。これにたいして，人間は，人間に連帯を求める場合が普遍的に発生する。その行為は，人間が他人に対して，なにかを贈与する行為として具現される。その贈与物なり贈与の対象としてのサービスなり，ファシリティーズを受け取ったら，人間の関係性を構築する受動的な意思表示となる。

そして，そこから，反対贈与の義務の観念が発生し，反対贈与は相手に負けない贈与でなければならないという競争的な贈与としてのポトラッチ行為となる。二者による共感の相手が固定化する。少しでも多く与える，これに

よって，自分のポトラッチ相手にたいして，優位に立っているという感情を獲得しようとする。多く与える。これが，相手との付き合いが継続するための原則となり，多く与えた方が競争に勝つというゲームのルールが社会制度として形成され，与えるものがなくなれば，相手にギブアップと宣告して，自分の劣位を受け入れ，自分の活動能力の無限の提供を約束した奴隷という身分固定化を容認することの起源として説明されうるのかも知れない。

　この社会関係を形成するのが，個人が共同体をなぜ欲するかというコミュニケーション満足最大の行動原理もしくは行動原則の理論である。この理論は，証明可能なのか，という問いに対しては，まだ仮説であるが，人間行動の観察で証明可能な部分が相当多いだろう，というくらいの直感的な把握にすぎない。

共同体の完成から市場の発生へ

　二者関係が多重化して，複数の人間がポトラッチを錯綜させて，大きな共同体ができてゆく。それでは，市場はなぜ発生するのか。この問題は，財をコミュニケーション満足最大に利用する必要性が共同体の充実で減少する場合があるだろう，という仮定を導入することで説明される。ギブ・アンド・テイクで多く与える共同体形成は完成した。あるいは，ひとまず樹立された。共同体としては，消費の対象がより多く欲しい。このとき，共同体のメンバーが，自分の共同体の剰余財を人びとが集う場所としての「市（いち）」にもって行き，そこで，できるだけ少なく提供して，できるだけ多くを得る，贈与交換条件をつけた贈与申し込みを行なうのである。相手とポトラッチをしないという明確な意思表示があるので，自分に有利な交換条件まで交渉を続ける。贈与交換でありながら，贈与の勝ち負けが反転してしまう。自分が多く与えてしまえば，負けとなる。自分が多く得れば，勝ちとなる。その場限りで，人間関係は，他人のままで終わろうと，ドライな勝負となる。そこから，儲かっただの，損をしただの，物的な基準の意識が発生する。例で説明しよう。去年の年末ないし，前回では，夫婦で共同制作した蓑笠を十個作って，もちを四十個得た。今回は，同じ蓑笠でも，もちの数が三十個と少なかった，ゆえに損をした。少なかったら，共同体に帰ったときに，自慢ができない。

あるいは，お前は商売が下手だから，別のメンバーに替われ，ともなる。あるいは逆に，交換がうまくいって，もちを五十個も得た，これは儲けである。このような，自分の共同体から，少しでも多く得てくるように指令をもらっているのであり，その成果は共同体で分配の対象となる。交換の上手下手がここでの評価の対象となる。

企業内交換におけるポトラッチの復活

しかし，行動原理が反転しない場合が多く存在する。蓑笠を市場へもってゆく途中で，雪に降られた貧しい人びとと出遭った，あるいは，かわいそうなお地蔵さんの石仏と出遭った。このとき，自分の交換による利益追求を忘却してしまい，つい，古い行動原理に支配されて，後先を考えずに，贈与する，という行為をしてしまう。相互扶助の共感コミュニケーションをすることで，自分の意識のなかで，最善の行為を選択したことになる。しかし，自分の家族なり村なりの共同体に戻ったときに，正月のもちはどうするのだという，突き上げが待っている。年が越せないではないか。憂鬱な気分で，自分の手ぶらの帰宅を待っていたものは，ポトラッチ的な美徳を維持していれば，他人を助けた，良いことをしたのだと，褒められる事態である。この共同体が利潤追求的であれば，生活が豊かにならないではないか，という批判である。日本の民話では，笠地蔵の場合では，地蔵さんからのポトラッチが夜更けにひっそり，実践されて，美徳の意識が強調される。

企業が形成されるとき，自分の利潤追求行為を拡大するために，少しでも安く，良質の労働力商品を買い求める。商人なり資本家が，他人の協力を求める場合，市場交換の原理が作用する。相手とは他人の関係である。明日は明日の労働者を雇えばよい。労働者から恨まれようが，労働者の健康がどうなろうが，少しでも多く働かせて，少しでも，少なく，報酬としての賃銀を払う。これは，ポトラッチとしてのギブ・アンド・テイクの原則が反転した，その場限り的な自己利益最大型の交換である。

ところが，労働者にしてみれば，贈与を受けたのである，ポトラッチをしないわけにはゆかない，という行動原則が復活する。なるべく不良品をださないように頑張ろう，効率的に労働しよう，あしたも雇ってもらおう，など

と対応する。このようなポトラッチをする労働者が企業のなかで継続雇用され，少ない賃金だから，サボタージュしよう，仕事は振りをしてすまそう，といった市場交換型のビヘイビアをする労働者は，徐々に工場なり職場なりから排除される。資本家は，ポトラッチにはポトラッチで答える。

　ここには，反転した行動原則がもう一度反転し，もとの多く与える贈与の行動としてのポトラッチが復活する。利潤からより多くを賞与なりボーナスなり，福利厚生支出なりで，労働者にギブする。労働者は，それをありがたくテイクして，もっと多くの知恵をしぼり，会社を自分の共同体であると意識する。資本家は，自分自身が引退するとき，自分の家族から後継者を指名しないで，会社に貢献する人材を労働者群のなかから選抜する。ポトラッチが会社の業績を伸ばし，利潤追求の成功となれば，雇用は安定し，雇用でなくなる。共同体として会社なり企業を構築し，共同体の内部で利潤を労働に応じて，あるいは，労働評価としての序列に応じて，分配する。

ギブとテイクによるコミュニケーションの創出

　ここまでポトラッチとしての企業内交換を説明すれば，一種の理想共同体ではないか，と現状肯定的すぎる解釈として，批判されるであろう。この批判は，成立する。まず，労働力を安く買って，多く労働させようという市場的交換ルールは，資本家が利潤追求を求める以上，簡単に消滅しないし，普遍化もしにくいであろう。また，企業が共同体的に再編されたようとも，利潤が得られなければ，その企業は廃業するしかない。この点も，ポトラッチだから，労働者は極限まで自分のサービスを最大限に支出するという楽観論の根拠の厳密な証明に連結しがたい。

　しかし，人間はしょせん，コミュニケーション満足で生きる側面をどこかで維持せざるをえないという行動原理に即した説明なのであって，どんな場合でも，人間が自己と他者との社会関係を形成しようとする場合は，両者間のギブとテイクの連続行為によって共感ないしコミュニケーションを創出しつつ，それぞれ固有の社会をつくるほかはないということになろう。

第4章　剰余と必要

1　はじめに

時代の変化と経済理論

　経済学という学問は，その理論に限ってみても，時代を映す鏡のような役割を果たしてきた。たとえば時代が，資本主義とは資本対賃労働の階級社会のことであるという命題のもとで，階級闘争を前面に押し出せば，理論もおのずからその階級闘争の根拠を説明するようなものとして発展してゆく。たとえば資本による剰余価値の搾取という理論がそうであろう。さらに時代が企業優先の潮流を作り出せば，会社主義の理論や，日本的経営の理論を誕生させる。また，共同体といってもよいであろう家族，仲間，会社，国家や社会といった集団における協調の時代になれば，経済理論もおのずと人間が協調して生きてゆくような社会を想定した理論の体系を整備してゆく。

　逆に共同体優先がいわゆる共同体至上主義の思想を開花させることもあるかもしれない。たとえば市場が共同体を崩壊させる要素だとみなされれば，市場に対して徹底的な攻撃が行なわれる。中国の文化革命の思想がその例である。また，自己の共同体と他の共同体との紛争や戦争の時代があるかもしれない。そのような時代には，広域共同体形成の理論や社会主義的共同体の理論がもてはやされる。理論が客観的真理であるというのは，宇野弘蔵の理

論と実践の分離という主張を背景にして，支持されてきたこともまた事実であるが，ひとつのイデオロギーがほかのイデオロギーの色彩を打ち消すという役割を果たしたにすぎない。アダム・スミスの原理論もスミスのイデオロギーの反映としての経済理論であったわけである。

　時代の変化が旧来の思想を払拭し，新たなる時代の思想やイデオロギーが熟成してゆくこともある。このような理論なり思想は，社会のある時期の学問的な解釈を第一の課題としたことであろう。ところが，また逆に，思想の性格を濃くした経済理論が社会の理想像を提示しながら，社会の変化を牽引してゆく場合もある。たとえば社会主義のイデオロギーは資本主義という人間社会への命名から生まれたものである。しかし，この命名の作業にも，強烈なイデオロギー性が隠されていたのである。資本主義と社会主義は，同じひとつのイデオロギーの，表と裏返しの関係にあるということは，私が「市場と共同体」という著書を発表したときに一番提起したかった問題なのである。しかしこれも社会主義が理想の響きを有するならば，なぜ理想を掲げてはならないのかという心情的な反作用をもたらしてしまうであろうし，市場の原理と共同体の原理を連続させる経済学の試みは，なかなか理解してはもらえない革新的提起のひとつでもある。

　周知のように，社会主義のシンボルとしてのソビエトが崩壊して10年の月日が流れた（原稿執筆時点は2002年）。もちろん社会主義は，ソ連型以外にも多様な類型が存在してしかるべきである。そして，反スターリン主義でも主流派の左翼でもなんでもよい。みなが理想としての社会主義の有効性に希望を感じる時代が戦後の数十年は継続したろう。その理論的な拠り所が『資本論』であり，必要と剰余というマルクス経済学のイロハの考え方なのであった。本章では，必要と剰余という，あまりにも言い古された理論の基礎を確認してみたい。そしてその作業があらたなる時代の経済学に連なることを祈願したい。

変化を迫られるマルクス経済学
　しかし，このようなマルクスの呪縛からの解放を科学的な思考でやり遂げることには，じつは困難が付随するものなのである。また，旧来のマルクス

主義の思想を死守する革新思想の持ち主も経済学の研究者にすこぶる多い。資本や何かに対する敵対思想を社会改革と思う人も多いだろう。

このように見回すと，あいも変わらずマルクスの思想の有効性を信じて，階級闘争の理論としてのマルクス経済学を守ろうとする立場の人たちもいるし，また今まで信じてきたマルクスの思想の影響から，自分の頭で，脱却しようと努力する人びともいる。このように考えると，経済学は，時代の変化の中で，自分の理論としての自己進化を遂げずして生き残れない厳しい状況に追いこまれているのではなかろうか。とりわけマルクス経済学の理論が今までの水準で生き残れるはずはないのである。

たとえば，かつて，中岡哲郎は，「社会主義にも疎外はあると書き，更に生産手段の共同体的所有による人間の解放という考えに，おずおずとではあるが疑問を提示した私の本は，当然のことながら，主流派マルクス主義からの集中的批判をあびた。批判はまた当然，私の本を技術決定論，技術を経済・社会体制から切り離して論じることによって，資本主義と社会主義の区別を消し去り，社会主義に悪意の中傷を加えるもの，というおなじみの論法に集中した」(中岡 1993：120)，と述べている。この中岡の考えに対して，私は，ある意味では賛成したい。けれども別の意味では，批判しなければならない。

社会主義での労働は人間を解放するものでなければならない。しかしよくよくその社会を観察すれば，どうも不幸の要素が垣間見える。このような当たり前のことを言うのも勇気が必要だった。生産手段共有の革命スローガンがいかほどの有効性をもち得たのか。この問題提起は最初の疑問としては中岡に賛成できるものなのである。

しかし，技術に資本主義の技術とか社会主義の技術とかの区別が成立する意味は何か。まず，技術とは人間の自然を加工する作業の体系なのだから，社会体制からは自由な概念のはずである。ここも中岡と同じ把握で良いのだが，主流派マルクス主義による中岡批判ではそれはひとえに，社会に資本主義の社会と社会主義の社会があって，そこが根本の相違点だという主張だけになるのではないか。あまりにも単純なマルクス思想は人間の重要な本質を見落としているかもしれないのである。中岡は，技術では区別は成立しないといいながらも，資本主義と社会主義の概念の問題を論じてはいない

のである。

2　マルクスの労働日概念における剰余と必要

剰余と必要の二項対立の再考

　マルクス経済学には，対立する両極概念が数多く埋め込まれている。この資本主義と社会主義の対立もある意味では両極概念であるが，もっとも基本となる対立概念は，理論の基盤を形成する，剰余と必要の概念――必要があって剰余を規定できるという意味では必要と剰余というべきであろうが，マルクスの理論においては剰余の発見に力点が置かれるので剰余と必要という順番がこの場合は適当のように思える――であろう。しかし，この問題には不思議な議論が存在しているのである。

　かつて山口重克は，マルクス経済学にとっての基軸的な理論のひとつである労働価値説の証明という問題に関連して，その証明をより完全なものにするために，「《剰余の必要化》」（山口 1985：98）という新しい考え方を提示したことがある。この，《剰余の必要化》という視点は，経済学の理論体系のなかでは，どのような位置を占めるのであろうか。そこでは単純な二項対立がより高い次元で，あたかも溶解してゆくような考え方と発想法が示唆されているのである。この理論問題の背景を研究することは，マルクス経済学に多用されている単純な二項対立の概念的な構図そのものを再考することに連なる。そして二項対立の代表格でもある《剰余と必要》に改めて，再考を迫るものなのである。

マルクスの労働日概念

　マルクスは，『経済学批判要綱』において，次のような叙述を残している。

　　一人の労働者を一労働日生存させておくのに，一労働日が必要だとすれば，資本は存在しないであろう。なぜなら，労働日はそれ自身の生産物と交換されることになるだろうし，そのために資本は資本として自己を価値増殖することができず，したがってまた自己を維持することができ

ないからである。資本の自己維持とは，その自己増殖である。資本が生きていくために，やはり労働しなければならないものとすれば，資本は資本としてではなく，労働として自己を維持することになろう。原材料と労働用具との所有はただ名目的なものになろう。それらのものは経済的には，資本家のものでもあれば，ちょうど同じように労働者のものでもあることになろう。なぜならそれらのものは，資本家自身が労働者であるとすれば，そのかぎりでだけ彼にたいして価値を創造するからである。彼はしたがって，それらのものを資本としてではなく，たんなる労働の素材および手段として，ちょうど労働者自身が生産過程でそうするように，これに相対しふるまうであろう。これに反して，たとえば労働者をまる１労働日生存させるのに，ただ半労働日しか必要でないとするならば，おのずから生産物の剰余価値が生まれてくる。なぜなら資本家は，価格ではただ半労働日だけを支払い，生産物ではまる１労働日の対象化された労働を受けとるからであり，したがって労働日のあとの半分と交換されたものはなにもないからである。彼を資本家とすることができるのは，交換ではなく，彼が対象化された労働時間すなわち価値を交換なしに受け取るところの過程だけである。半労働日は，資本にとってなにも費用を要しない。つまり資本は価値を受けとるが，そのかわりになんら等価物を提供していない。そして価値の増加が生ずるのは，ただ等価以上に出た価値が受けとられる，つまり創造される（geschaffen）ことによってだけである。(Marx 1857-58 = 1959：245)

このように，資本が資本家の労働によって価値増殖するのであれば，資本家と労働者の区別は必要ない，と主張しているのである。これが資本所有の主体としての資本家が労働者の剰余労働によって剰余価値を受け取る根拠の第一の論点となっている。

第二の論点は，労働者の生存は労働日の半分で十分であり，残りの労働日は資本家のための取り分として確保されるという，必要労働時間・剰余労働時間の定義である。

この部分は，「資本論」ではどうなっているだろうか。

マルクスはこの搾取理論の説明に多大の労力を費やしているのだが，第1巻第7章の「剰余価値率」の章から引用してみよう。

> 労働者は労働過程の一部分ではただ自分の労働力の価値，すなわち自分の必要生活手段の価値を生産するだけである。彼は社会的分業にもとづく状態のもとで生産するのだから，自分の生活手段を直接に生産するのではなく，ある特殊な商品，たとえば糸という形で自分の生活手段の価値に等しい価値，または彼が生活手段を買うための貨幣に等しい価値を生産するのである。彼の労働日のうちで彼がこのために費やす部分は，彼の平均一日の生活手段の価値に応じて，すなわちこの生活手段の生産のために必要な一日平均の労働時間に応じて，比較的大きいこともあれば小さいこともある。……だから，一労働日のうちこの再生産が行われる部分を私は必要労働時間と呼び，この時間中に支出される労働を必要労働と呼ぶのである。労働者のために必要，というのは，彼の労働の社会形態にかかわりなく必要だからである。資本とその世界とのために必要，というのは，労働者の不断の存在はこの世界の基礎だからである。
> （Marx 1867 - 94 = 1968 第1巻：281 - 282）

　ほぼ同じ内容がここでも語られているが，整理された叙述になっている。労働者の必要労働は労働の社会形態にかかわりなく必要だというのは，どのような社会であれ，労働主体が生存しなければ社会ではないという事実を指摘している。しかし資本主義のもとでは，労働者の生産物はすべて資本のもとに帰属するのであり，労働者は賃銀でもって，必要部分だけを買い戻すのである。必要労働時間と剰余労働時間の合計が一日の労働日を形成するのである。このような理解がマルクスの労働日概念における剰余と必要の考え方の基礎になっているが，論点が残っているように思う。封建時代では，領主の農地で労働する曜日と自分の農地で労働する曜日とが明確に区分されていた。このような事実をアナロジー化したものが自分のための必要労働時間と資本家のための剰余労働時間という考え方の背景におそらくは存在するのであろう[1]。

指揮監督労働の必要性

　ここで検討すべき論点の第一は，資本家であっても労働ないし活動は実践されているのでないか，という点に関してである。これは無駄な活動だとは思われない。マルクスの概念で言えば，監督労働がその一部を代表する。これを認めてしまうと，マルクスの理論の図式は大きく揺らぐことになる。「資本論」第3巻の第23章「利子と企業者利得」からその部分を見てみよう。

> 監督や指揮の労働が資本の対立的性格，資本の労働支配から発生するかぎりでは，したがってそれが階級対立にもとづくすべての生産様式と資本主義的生産様式とに共通であるかぎりでは，この労働は，資本主義的体制のなかでも，すべての結合された社会的労働が個々の個人に特殊な労働として課する生産的な諸機能と直接に不可分に混ぜ合わされている。エピトロポスの労賃や封建時代のフランスでレジスールと呼ばれたものの労賃は，このような管理者に支払うことができるほどの事業が大規模に営まれるようになれば，利潤からは完全に分離して，熟練労働にたいする労賃という形をとることもある。といっても，われわれの産業資本家たちはまだまだ「国務に従事したり哲学したりする」どころではないのであるが。(Marx 1867 - 94 = 1968 第3巻：484 - 485)

　資本家の労働が，単に資本主義的な生産過程としての生産過程から生ずるものではなく，したがって資本とともにおのずからなくなるものでないかぎりでは，またそれが他人の労働を搾取するという機能に限られるものでないかぎりでは，つまり，それが社会的労働としての労働の形態から生じ，一つの共同の結果を生むための多数人の結合と協業とから生ずるかぎりでは，この労働は資本とはかかわりがないのであって，それはちょうどこの形態そのものが，資本主義的な外皮を破ってしまえば，資本とはかかわりがないのと同様である。もしも，この労働は，資本家的労働として，資本家の機能として，必要だ，と言うならば，その意味するところは，資本主義的生産様式の胎内で発展した諸形態を俗物はそ

の対立的な資本主義的な性格から分離し解放して考えることができないということにほかならないのである。(Marx 1867-94 = 1968 第3巻：485-486)

　ここでのマルクスは，基本的には，資本家であっても，労働が社会的に結合する場合には，あらゆる社会にとって必要となる，指揮監督という組織的な労働の必要性を認めているのである。けれども，俗物とマルクスから非難を受けようとも，資本主義に固有の指揮監督労働と，あらゆる社会に必要な，協業・結合のための指揮監督労働は区別するメルクマールに欠けるのである。マルクスの論理から言えば，資本主義であろうとも，それとは異なる社会形態であろうとも，必要なものは必要と定義し，生産の維持に不要なものは剰余と定義しなければならないはずである。ところがマルクスは，資本主義の外皮をまとったもので，資本主義が消滅すると同時に消滅するものは無視して，それでも残る指揮監督の労働は資本家であっても必要労働だと容認するのである。しかしマルクスは，資本家を揶揄して，産業資本家がそんな立派な指揮監督の労働など，現実はしていないではないかと指弾するので，論理は錯綜する。

理論的なごまかしの所在
　もう一つ錯綜させる問題が，マルクスと当時の社会主義者たちとの論争としてあり，マルクスは，剰余価値の由来は資本家が労働者の剰余労働を搾取したものなのだという自分のテーゼを危うくする主張と遭遇し，苦慮するのである。

　　企業者利得と監督賃銀または管理賃銀との混同は，元来は，利潤のうち利子を超える超過分が利子にたいしてとる対立的な形態から生じた。それは，さらに，利潤を剰余価値としてではなく，すなわち不払労働としてではなく，遂行した労働の代償として資本家自身が受ける労賃として説明しようとする弁護論的な意図によって，発展させられた。これにたいしては，ついで社会主義者たちの側から，利潤を，理論的にこれが利

潤だと言われたものに，すなわち単なる監督賃銀に，実際に還元するべきだという要求が出された。そして，この要求は，理論的なごまかしにたいしてますます不愉快なものとして相対するようになった。(Marx 1867 - 94 = 1968 第3巻：485 - 486)

　要約して言えば，マルクスの理論はこうである。すなわち，剰余労働の搾取は資本家が座して行なうものではない。資本家が指揮監督という組織を動かす労働をして手に入れるものである。そうなると，資本家も労働者と同じ工場で，何らかの労働に従事していることになる。そこで剰余労働の考え方が資本家の労働と賃銀労働者の協業の産物だとしたら，徹底しなくなる。しかし，おいそれと資本・賃労働の対立理論を自己否定するわけにはゆかない。ここにマルクスの苦慮が生まれる。
　理論的なごまかしは，マルクスのほうにあるのか，それとも俗物の社会主義者のほうにあるのか。たとえば，指揮監督が単なる労働者の労働に専業化しつつある，という事実もマルクスによって指摘され，資本家は所有の主なのであり，活動の主体ではないのだというロジックで切り抜けようともしている。原論では，どこがネックになるのだろうか。所有のアプローチを死守すべきか，まったく異なる方法を導入すべきか。あるいはその調和か。
　このように見てくると，一見，単純な剰余・必要の議論も次々と論理のアポリアにはまってゆくわけである。とりわけ，宇野弘蔵や山口重克の経済学の理論では，資本家的活動の当事者という視角が提起されるのである。次に，マルクス経済学の理論での発展がどのように展開されたか，確認しよう。

3　宇野弘蔵の理論における剰余と必要の把握方法

剰余の発生にともなう階級社会の発生

　宇野弘蔵の理論における剰余の捉え方は，基本的にはマルクスの継承である。しかし，よくよく見れば，やはりそこには原論としての微妙な未解決問題が指摘されている。

元来，人間は，自己の生活を，したがってまた労働力を維持するのに種々なる特殊の使用価値を消費するが，その消費によって得られる労働力は，先にも述べたように決して特殊の使用価値を有するものではない。それは紡績労働にも，製粉労働にも，その他，あらゆる具体的な有用労働に支出し得る。――もっとも，技術的発達の一定段階ではむしろそれぞれの有用労働がしばしば一定の熟練を要するものとしてあらわれ，労働力を直ちにかかるあらゆる有用労働として抽象的に規定し得ないこともある。後にも述べるように，その点でも資本主義はかかる抽象化の物質的基礎を与えるのである。――そしてまたかかる労働過程を通して得られる使用価値を，労働力の維持に必要な生活に消費するという関係にある。しかもこのいわゆる物質代謝の過程において，人間は必ず，自己の生活に必要とせられる使用価値以上の生産物を獲得して来ている。人間が一日の労働によってようやく一日の労働力を維持するということは，絶対にあり得ないことである。奴隷でさえ一日の労働は，奴隷の一日の生活資料以上のものを生産するから，奴隷にせられたのであった。／もちろん，人間がその生活に必要な物資を生産するに要する労働時間だけ労働していればかかる剰余はないであろう。しかしそんなことはなかった。それは一方では社会的分業と私有財産との基礎をなすと同時に他方ではこれによってますます増進せられることになったのであって，一定の生産力の発展段階では，社会的に一部の者の労働によって他の者が生活するという階級社会の剰余労働の基礎をなすことにもなったのである。
（宇野［1950］1973：91-92）

　ここに見られる剰余の発生は，剰余の発生イコール階級社会の発生という考え方であり，この考え方はマルクスの思想の基幹部分である。奴隷はなぜ奴隷なのか。仮に奴隷が自分が食べる分しか生産しないのであったら，奴隷所有者は奴隷をもつ意味がない。しかし，社会全体で社会の再生産を見ると，つくったものはすべて消費されてしまうという関係も見逃せない。奴隷所有者は何らの労働はしなかったではないか。奴隷だけが生産に従事したのだ。そう言うことができればマルクスや宇野弘蔵の，一日の労働時間は生産主体

の一日の生活資料消費分を越えて生産可能という命題は論理として成立する。しかし，鞭で生産を強制されるのが奴隷だとマルクスも認めるように，労働を強制する労働が存在したのである。

剰余の発生にともなう商品経済の発生

　剰余生産物と商品経済の関係はどうか。宇野弘蔵は引き続いて次のように述べる。

> この剰余生産物が種々なる社会において商品経済を導入する根拠となったことはいうまでもないが，そしてそれはまた或る程度に普及し，固定化すると，さらに商品生産自身を発達せしめるのであるが，しかしかかる生産物の商品化による商品経済の発展は，多かれ少なかれその社会の生産力の増進に役立ちながら，なおそれだけでは生産過程自身をその根底から商品化するものではなかった。それはいわば外部からの商品化として狭隘なる古代，中世の社会を漸次に，しかも外部から，したがってまた部分的に商品社会化して来たのである。（宇野［1950］1973：92）

　階級の社会という剰余発生の考え方と，商品の社会という剰余発生の考え方の間には，大きな懸隔が存在しはしないか。商品は剰余生産物が交換されるようになって初めて登場したというのが，ここでの宇野弘蔵の論点のひとつである。もうひとつは，剰余の発生は階級の発生をもたらすという理論である。交換されてもってこられた財が支配階級でのみ消費されるのいうのであれば，そのような連関もありえるだろう。しかし，どう考えても，物々交換で入手した財は共同体のすみずみで消費されるのではなかろうか。あるいは，階級とは剰余に関係なく，あるいは物々交換に関係なく，どのような共同体であれ，内部に有するような，共同体内部の人間関係における序列一般のことではないのだろうか。そして，剰余生産物だから交換されるというわけでは必ずしもなく，自分たちの必要物を交換で得てくるのだから，自分たちの必要な財を提供したということにはならないだろうか。この論点は，さらに詳細に詰めてみる必要があると思われる。

また，冒頭商品論の関係が重要になるのであるが，山口重克は，きわめて明確に，「商品所有者は自分が所有している剰余生産物と交換に，ある使用価値を欲しいと思っているという意志を表示しなければならない」(山口 1985：17) と叙述している。この部分は，商品の二要因論の次にくる説明であるから，他人のための使用価値・自分のための使用価値という財の二分法を承けての，他人のための使用価値を剰余物概念で把握し直すという整理方法のように解釈できる。

宇野の商品二要因論

　マルクスが商品の二要因を，まず財としての使用価値から定義し，次にそれが交換されるということで価値ないし交換価値として定義したことにたいして，宇野弘蔵は周知のように，「すなわち商品は，その所有者にとって他の商品との交換の基準となる，その価値を積極的要因となし，その使用価値を，いわゆる他人のための使用価値として消極的条件とするものである」(宇野 [1950] 1964：22) と順序を変える提案をなしているが，これに関連して，興味深い議論が『資本論研究』で行なわれている。

　ゼミナール部分で，宇野は，「ぼくの主張に [山本二三丸が——引用者，以下同じ。] したがっているのではないだろうが，問題はそれで片づくわけではない。例えばエンゲルスがつけ加えた点があるでしょう。エンゲルスが，「他人のためというだけではない。中世の農民は領主のために年貢の穀物を生産した……」と書き入れをして，「マルクスにあっては生産者以外の人によって消費される生産物は何でも商品とみなされるかのような誤解が非常にしばしばあった」と注をしている。何故誤解を生じたかという問題は，山本君の場合なくなってしまうことになるのではないか」，「商品がまず価値であって，他人の手に交換によって移されなければ使用価値にもならないというような意味での使用価値だということで，商品は価値を前提にしなければその使用価値も問題にならないというわけだが，山本君がそこをどう考えているのか」(宇野 1967-68 第 1 巻：235-236)，と微妙な発言をしている。

　商品はまず，宇野弘蔵が問題提起したように，価値でなければならない。すなわち商品とは，まず他の商品との交換の場に出されたところの，市場の

中の対象物でなければならない。この場合の価値は，他の商品との交換可能性ないし交換力の大きさのことをいっているのであって，それが労働生産物である必要は必ずしもない。そこで宇野は，まず交換目的があるのだから，商品はその交換目的という規定性でよいのだと考え，たとえば，売れ残った商品は，定義に従えば，翌日また市場に並べられた段階で商品となる。また，売れ残りの商品は，自分の家に持ち帰られて，みんなで消費しようとなったならば，それはその段階で商品の性格が脱ぎ捨てられている。宇野はそこまでは自分の商品二要因論に矛盾を感じてはいない。むしろ使用価値だけでは商品規定にそぐわないという意味で，マルクスを圧倒している。しかし問題はこれからである。エンゲルスが指摘したのは，贈与物でも，たとえば年貢のように贈与契約か反対報酬かで移動する贈与財でも，他人のための使用価値そのものだということであった。宇野は，農民が領主に差し出す小麦は商品でなくても，他人のための使用価値だと気がついたのである。だからどうなのだと論理は先には展開されてはいない。もうこれで，贈与と商品の類似性の議論はうち切られている。しかし，商品は，それが贈与物でも年貢でも，自分以外にとってはきわめて必要な，生きてゆくうえでは欠くことの出来ない必要財であることは確認されたのである。

4　山口重克の問題提起
―― 剰余の必要化という認識をめぐって ――

　いうまでもなく，マルクス経済学の常識から言えば，剰余は剰余労働を基礎にして発生する剰余生産物，ないしその貨幣形態としての剰余価値のことであり，いわゆる必要部分に溶解されてはならない概念である。同様に，必要という考え方は，社会を存続させるには，あらゆる社会や時代に共通に，社会的生産を必要とするのであって，そのための労働の実践はいうまでもなく必要なのであって，なければなくても済むような剰余とは別の概念なのである。おそらく，この剰余の裏返しの議論は，アウタルキーの考え方があって，自給自足をして生きる部分が人類の生存における必要部分の核心ということになるのであろう。

資本家と労働者の協力関係

　しかし，山口重克の議論は，従来型のマルクスの剰余価値論を逸脱している。厳密にいえば，ある意味ではマルクスにきわめて忠実なのだが，発想の方法が従来の枠を越えているのである。
　まず，第一には，資本家も賃銀労働者と同様な労働者規定で説明すべきだという，指揮監督労働論からさらに前進したアイデアを出している。そして第二には，剰余は純粋な意味では必要に還元されるという，マルクス経済学ではかなり大胆な解釈を提起したことである。順にみてゆくことにしよう。

　　［労働価値説の論証のためのモデル設定においては］ここでも前章での社会的生産編成の簡単な例解 Km－Pm Ⅰ－Pm Ⅱ を用いることにする。ただ，資本主義的生産では独自の効率性原則が強制されることによって，労働時間から生活時間が排除される分だけ生産力が上昇して労働編成に変化が生じると考えられるので，そのように数字を変えておくことにしよう。すなわち，日々の直接的な必要生活資料は前例と同じく一人1キロの Km であるが，30人で30キロの Km を生産するためには，Km に10人，Pm Ⅰ に5人，Pm Ⅱ に15人の労働者を配置し，一人あたり5時間ずつ労働すればよいとし，しかし実際には労働者はそれぞれ9時間ずつ労働していて，全体として54キロの Km が生産されていると考えることにしよう。なお，生産手段の私的所有者である資本家も社会の構成員である30人の中に含まれていると考えることにする。いいかえれば，資本家にも生産過程に参加して労働を分担している一面があると考え，その側面では30人の労働者の一員として賃銀を取得し，1日1キロの必要生活資料を購入・消費していると考えることにする。もちろん生産手段の所有者としては，資本家はその他に資本家的活動を行なって利潤を取得し，必要生活資料以上の消費を行ないうる。Km 生産部面の10人のうち一人，Pm Ⅰ 生産部面五人のうちの一人，Pm Ⅱ 生産部面の15人のうちの一人がこのような資本家であるとしよう。（山口1985：113-114）

賃銀を自分が自分に支払うという形式の滑稽さを除外すれば，労働者が工場や店舗で労働するのと同様に，資本家は率先して労働のお手本を示してみせるだろう。その意味では，資本家が労働の中心人物であり，労賃で雇用されている労働者はその資本家の生産現場における助手ないし流通現場における助手でしかないのである。資本家の活動が措定できないならば再生産は維持できない。そのような意味で資本家と労働者は協力の関係を形成しているのであり，企業という組織は，ある意味では資本家共同体と定義し直してもよいのではないか。山口にたいする批判としてあえて言えば，所有に基づく利潤の取得をにおわせることは必要ではなく，資本家の利潤追求ビヘイビアとしての活動成果である利潤の取得と言うべきではなかったか。生産手段の所有者がだれか，これは実態のうえではどうでもよい事柄に変化してゆくのである。その意味でも資本家の活動は必要概念に包摂されてゆくであろう。

消費量と生産量のギャップ

　さらに山口のオリジナルな発想は，剰余の必要化という画期的な論点の提示である。しかし，議論の出発点は，次のような消費量と生産量の普遍的なギャップの指摘である。

> 人間は集団をなし，……分業を形成して，日々の生活に必要な生活資料を生産して，それを消費しながら人間生活を送る。そしてその生活の中で労働の能力と意欲を再形成し，生活資料の生産・補塡を繰り返す。……労働の生産力が十分に大きければ人間は日々の直接的な生活資料の生産に要する労働時間以上に労働し，したがって日々の生活で直接に消費する以上に生産しうるものであり，ある十分な期間をとってみた場合，日々の生活で消費する直接的な生活資料の総量とその期間に生産する最終生産物の総量との間に差がありうることを知ることができる。ある期間に行われる人間の総労働のうち，日々の生活で消費する直接的な必要生活資料とその生産のための生産手段を生産している生産的労働を必要労働，それ以上の労働を剰余労働と呼び，剰余労働による生産物部分を剰余生産物と呼ぶことにする。……剰余生産物とは，ある時点ないし期

間における生産の結果とその要因とのあいだの差を示す概念であるといってよい。(山口 1985：97)

　ここまでは，消費の量と生産の量とに差があるという議論の焼き直しにすぎない。つまり労働者は自分たち以外の社会の成員を養う可能性をもつのである。マルクスの場合は，労働者は資本家を養うということで，ある意味では階級社会論の構図が単純に想定されていたわけであったが，剰余と必要の二項対立は，単純に図式化できるものではないのである。問題はここからである。

生産に従事していない集団の存在
　山口は，直接の生産の従事者と，生産に従事してない集団に分けて考察する。すなわち，

　　社会的総生産物を人間の日々の生活に直接に必要な必要生産物とそれ以外の剰余生産物とに区分するということは，剰余生産物が人間の日々の生活にとってまったく必要のないものとして自由に処分しうるということではない。それはさまざまな意味と度合いにおいて必要であったり，あるいは何らかの期間の後に必要になったりするものにあてられる。／たとえば，いま仮に全体としての人間集団の内部を直接に労働に従事している部分とそうでない部分とに分けることができるとした場合，前者の日々の生活に直接に必要でない最終消費財とそのための生産手段は剰余生産物として分類されることになる。しかし，後者の部分集団が全体にとって必然的なもの，あるいは必要なものであれば，彼らの消費する生活資料とその生産のための生産手段は，全体にとっての広義の必要生産物であるということになろう。後者の部分集団の例としては，子供，老人，病人，あるいは彼らのための教師，介護人，医者などが考えられるし，芸術家や宗教家たちを含めて考えることもできるであろう。(山口 1985：98)

山口重克の問題提起は，労働者の剰余労働で養っているはずの，剰余価値の消費者としての医者や芸術家，教師という存在を考慮する。まず，生産にとって，労働者の役割と同様に資本家の役割も基本的に必要であった。けれども多少の曖昧さは残っている。たとえば，資本家の収入が二分されて，労働者としての資本家の活動からもたらされる賃銀部分と，生産手段の所有者ないし資本家的な活動主体としての役割とからもたらされる利潤収入とが分離されて解釈されている。この議論は，マルクスに固有の，あらゆる社会に共通な概念部分は，資本主義社会にだけ必要な概念部分とは区別して論じなければならないというメルクマール探しの方法に共通する。この部分はそのような資本家の活動内容に即した区分が可能なのか，まだ疑問の余地は残る。そこをいま不問にして考えると，資本家も労働者も社会の維持にとってともに必要ということになる。

　芸術家の労働は，どのように資本主義の経済のなかで再生産されるか。山口はこの問題を論じてはいない。広い意味で必要だと抽象的に考察するのである。具体的にはどうか。具体的には，芸術に従事する人びとはどのようにして生存しているのだろうか。教師の場合も同様の問題がある。一つは，教師の教育がサービスとして売買の対象になる場合がある。学校がそうである。また芸術が作品として売買されることもあろう。だれが買うのか。人びとの生活に必要な存在であれば，労働者でも資本家でも，だれが買ってもよい。問題は，子どもや老人の生存形態である。これらは家族共同体のなかでの世代の再形成の役割を緻密に分析しないと，位置づけが分からなくなる。場合によっては，家族以外のさまざまな共同体が関与して生存しているのかもしれない。ともあれ売買ではない。そうすれば生存は共同体の内部で贈与が実践されているから可能なのだとみるほかはあるまい。

階級闘争史観への復帰
　次に山口は時間の短期・長期の問題と，奢侈財・必要財の問題など，多様な剰余の必要化現象を分析する。

　　また，ある一定の期間をとった場合，その期間の直接的な必要からする

と剰余に分類されなければならないような生産物でも，その期間を超える期間をとってみると，日々の生活に……必要な消費財に……分類されなければならないものであることがはっきりするものもある。災害が発生したときのための備蓄のようなものはその点が比較的明瞭なものであろう。奢侈品的な消費財の中にはある期間内は剰余生産物に分類することもできるが，より長い期間をとると消費水準が向上して，日々の生活に直接に必要な必需品化するということもありうる。(山口 1985：98)

　山口重克は事実上，この社会で生産されるもので無駄な生産物はないのだと指摘しているといってよい。奢侈という考え方も，財に対する特殊な差別であり，人間が必要としている限りでは，生活水準の高い・低いという問題ではなく，すべからく生活に必要なのである。ところが，階級社会論の観点を導入すると，見える物までが途端に見えなくなってしまう。労働者も芸術家も人間の労働が社会的な分業で生かされているという事実には，何らかわりはない。マルクスが強調するような，労働階級のみが労働するという見方は，労働しない階級を捏造し，糾弾する論理のトリックにすぎない。しかし山口重克は，剰余の必要化の議論の最後で，剰余と必要を厳格に区分する議論の意義は何かというように，今度は見方を変えて論ずるのである。

　ところが，人間集団の内部に階級的な分離が存在し，支配される集団が，自らが生産したものであるにもかかわらず，その日々の生活に直接的に必要な生活資料を，支配する集団からいわば譲渡されて取得し，関係が確立していると，必要生産物部分は外的に確定されることになっていわば可視的になるのであり，必要と剰余は階級社会ではじめて外的に確定されるものであることを明確にする点にこの区別の理論的な意味があるといってよい。(山口 1985：99)

　この論点は，支配される労働階級が唯一，生産に従事する階級であり，支配階級はそれを生産もしないのに搾取だけ行なうという，階級闘争史観への復帰を主張しているのすぎない。事実はどうか。やはり，支配や被支配も人

間集団の内部に存在する，どのような共同体にも見られるような序列と協力の問題でしかないし，資本家の積極的な役割を不当に軽視する議論に思える。時代が階級闘争の理論を欲していない以上，事実に即して，搾取理論の相対化を認めるべきではなかったか。

5　おわりに

剰余の必要化

検討してきたように，全面的な階級社会論のモデルから少しだけはみでるような剰余・必要への区別に対する疑義が山口重克によって提起された。総じて，剰余が剰余のままでは，価格関係に自由度が生じてしまい，肝心要の労働価値説がうまく論証できないという緊急の課題から分析を開始した剰余が必要部分に溶解してゆくという議論は，意図せざる副産物をもたらしたのである。すなわち，山口重克は，階級社会論ではない，新しいマルクス経済学の理論を開いてみせたのである。つまり，剰余を前提にしては，労働価値説の証明が厳密なものとはならない，という論点をさらに押し進めて，剰余は社会の存続にとってみても，いわゆる余計なものではなくて，広く見れば，必要な存在ではないのか，だから，そのような剰余も必要というカテゴリーに編入して理論を組み立ててもよいのではないか，という発想法の呈示であったのである。しかし，山口重克の問題提起以来，この二項対立を統一するかのような剰余の必要化の問題は，理論研究者のあいだで，真剣に議論されてきたわけではなかった[2]。したがって本章では，交換の本質は何か，という議論をさらに深化させるという目的をもって，経済理論における剰余と必要の概念を検討してみた。さらには，マルクス経済学に固有な，多くの二項対立をめぐる諸問題，とりわけ資本主義と社会主義の対立的概念把握に内在するであろう諸問題にも言及してみた。

マルクス主義はどこに行くのか

経済理論の体系がマルクスでほぼ完成し，また宇野弘蔵の経済学の登場によって科学とイデオロギーの峻別が問題提起されたことは，まずもって，確

認されなければならないだろう．しかし，問題はその先にあるのである．宇野弘蔵の経済学もまた時代の寵児であった．彼は，流通形態が経済の実体を包摂してでき上がった社会が純粋資本主義社会であると定義した．剰余と必要の概念も搾取の理論として，原論の基軸に設置された．しかし，このような階級社会としての資本主義像はどこまで，この現代を映し出す鏡たりえるのかと問えば，答えは必ずしも満足のゆくものではない．もちろん，宇野弘蔵の理論でよい，マルクスの理論でよいと妥協することは容易である．しかし，さまざまな意味で，現実の経済と経済学の有り様と，現実の人間における意識の有り様と経済理論で前提としたそれは，微妙に齟齬をもたらしつつあるのである．

　少し大袈裟に表現すれば，経済学の既成の理論は現実からの遊離を開始して，その許容度を超えて理論の抽象世界に閉鎖してしまっている．あるいは，理論は思想でしかないという開き直りにも似た自己陶酔に閉鎖してしまっている．思想と理論は根本から異なるのである．思想とは人間の観念的な思い入れの部分であり，理論とは現実の歴史的な人類社会を説明して見せる道具なのである．さらに言えば，社会主義という強制的な人間関係をもたらした社会創造実験が終焉しつつある現在，マルクス経済学は，理論の体系として生き残るのか，思想の体系として生き残るのか，どちらに徹するのか選択を迫られているのである．思想は思想の役割がある．しかし，理論はもっと重要な社会科学者の義務なのである．たとえば，贈与は人間を豊かに交流させる平和的ふれあいの手段である．これもひとつの思想かもしれないが，現実の論理的な説明を心掛けたつもりであり，ひとつの社会科学理論として提起したものであって，こうあるべきだという思想とは異なるものである．贈与と商品の連続性ないし共同体と市場との連続性については，ぜひ松尾（1999）を参照して欲しい．

　思想が人間の生き方や理想追求に大きな影響を有することは，その通りである．思想は，人びとの理想社会建設を目指すような大きな情熱の根源である．また，思想を否定しても，多かれ少なかれ，人びとは思想をもっている．それが社会に関与するものか，個人の生活の領域によるものかは別として，思想は人間の行為の基礎にあるものといえる．

しかし，マルクス経済学が思想として延命しても，その説得力はたかが知れているだろう。なぜなら，マルクスの思想は多くの社会運動の実践家たちに受け継がれ，科学的な資本主義の理論を基礎にしつつ，科学的社会主義の自信に満ち溢れた理想を追求したにもかかわらず，悲劇的な社会主義社会の自己崩壊となって終焉を迎えてしまったからである。思想も理論も現実も崩壊してしまったら，根本から再生するしかない。

　私の問題意識は，理想社会をつくろうという意欲が間違っていたというものではない。人類は絶えず進歩を求めてやまないのだから，理想の人間の社会を追い求めるのは当然である。そうではなくて，思想を裏打ちすると考えられた経済学の抽象度が過度の抽象で自己満足した結果，現実の分析としては満足のゆくものではなかったのではないか，という疑問である。

　マルクス主義を守るという観点に立てば，いろいろな対応の仕方もあろう。たとえば，社会主義の造り方にも多様性があるのであって，失敗したのはそのうちのひとつにすぎない，という見方が存在する。その考え方自身は，ありうると思う．しかし，資本主義と社会主義の対立の構図が果たして正しいのか，という問題提起には何ら答えうるものではない。理想社会の造り方の基礎に科学の成果がある以上，科学というべきか否か，経済学の方法そのものが確認されて，進化してゆかなければならないのである。

第5章　商品と共同体

1　はじめに

商品概念をめぐる議論

　商品をめぐるさまざまな議論は，多様で複雑な背景を抱え込んでいる。それは，ひとつには，商品が，「商われる品」，という言葉の短縮形であり，「あきない」という，金儲け追求型人間行動の単なる手段と解されて，交換される品という語義をもたなかったということにも端を発しているように思える。
　交換するという人間の行動様式と，利潤を追求するという人間の行動様式とは，根本的に，その原理が違う。人間の学問としての経済学にとってみれば，その差異こそが重要になるのである。また，人間の集合概念としての社会ないし共同体に分節構造された社会の総体を分析しようとする社会科学にとってみれば，人間行為の目的が，金儲けなのか，交換なのかは，根幹にかかわる相違点なのである。交換には，財と財とを，あるいは財とサービスとを交互に交換し，互いにコミュニケーションを行ない，人と人とが共感・共鳴しあうという，人間を結合せしめる何物かが潜んであるのである。
　しかし，商品には，交換される財やサービスという意味のほかに，利潤追求の手段，金儲けの単なる手段という意味が込められてしまうのである。また，資本主義を否定ないし批判しようとする論拠を科学に求めるという意味

での,「科学的」な根拠という議論の次元においても,利潤追求が理想社会から排除されるべきことがらだとするのか,単なる交換行為をも排除の対象に追加するのかでは,大きく意味合いを異にすることになるわけである。両者のあいだには,行動原理としては大きな隔たりがあるが,結論から言えば,ともに排除されてしまうとなると,ナチュラルな人間の社会が構成されなくなると思われる。

とはいうものの,しかしながら,従来のマルクス経済学の原理論研究では,交換ビヘイビアには,論理必然的に,利潤ビヘイビアが内包される,あるいは発展する,という,一種の,ビヘイビア論における分化・発生論的な理解が一種の共通理解として存在していた。しかも,マルクス経済学の原理論の冒頭に設定される商品概念が,いったん,措定されてしまえば,あとは,価値と使用価値の矛盾と対立,その止揚といった発想で,貨幣・資本という概念に駆け上り,一種の概念の自己展開を実現し,資本同士の利潤率をめぐる競争機構・産業予備軍の吸収と反発の産業循環の理論的円環構造の証明などの理論装置によって,一気に純粋な資本主義の社会の「自立性」の論証という純粋資本主義的原理論を構築することが可能になる仕掛けがはらまれることになるのである。理論として純粋な資本主義の社会を再構築することになり,商品経済の原理のみで形成される社会の像とはこういうものだ,これが純粋の意味であり,したがってさまざまな様相を見せる複雑怪奇な現実資本主義を分析するさいの理論的な基準になるのだ,と。

残された問題

この,原理なり理論なり,基礎理論の冒頭に据えられる商品概念の意味を,宇野理論の第二世代の旗手の一人として,徹底的に研究してきた経済学者が,2004年の初夏,まぶしい光彩を放ちながら,突然,逝かれてしまった,経済学者・侘美光彦である。われわれのなかで,純粋資本主義・世界資本主義論争は,実は決着していない。決着していないどころか,その意義さえ,われわれ後継者は総括の任務をさぼってしまっている。

私は,宇野理論研究の世代では,第三世代に属し,山口重克・侘美光彦・伊藤誠,それに櫻井毅らのゼミナールに所属し,薫陶を受け,先輩諸氏の論

争を拝聴し，そして議論に熱中してきた世代であるが，論争が低調に見えるのは，第三世代のあいだで，理論の再構築のための努力が停滞しつつあることが理由であるように思える。さまざまな思いと反省を込めて，ここに侘美先生を追悼したい[1]。

　先生の学恩に報いるのは，研究の足跡をたどり，その軌跡を一歩でも二歩でも前進させること以外にはない。私は，いつも，スケールが小さい研究をしていてはだめだと，先生からねじを巻かれていた。先生ご自身が，大恐慌や今日の日本の構造的不況の研究など，息の長い膨大な業績を遺して旅立たれたが，私は，先生にとって，研究の出発点であろう理論の方法をトレースしてゆきたい。この，決着していない純粋資本主義・世界資本主義方法論争から，われわれは何を学び，伸ばしてゆくべきなのだろうか。本章は，侘美が世界資本主義との兼ね合いで主張した冒頭の商品概念と，理論でいうところの，商品経済の外部性について，考察しようとするものである。

　資本主義に未来はあるのか，社会主義に未来はあるのか。侘美もやはりマルクスの思想を基礎とする宇野学派の一員であったのだから，資本主義には未来はなく，社会主義にこそ人類の未来はあるという，立脚地点を共有し，そして確保していた。しかし，われわれはもはや，資本主義に未来はあるのか，社会主義に未来はあるのかという大上段に構えた問題提起はあえてしない。してはならない，というよりも，もっと基礎的考察が，われわれにとっての「先立つもの」なのである。

　むしろ，人類にとって「外部的」であったと思われた商品経済の原理が，「内部的」な起源を有するものである，と解釈できるという，一種の，理解の様式転換を問題提起することによって，あらたなる経済学上の論争を呼び起こそうとするものである。侘美は，厳密には，商品経済が外部的なものであったという，外部性の用語法を避けているが，共同体の外部に発生した商品経済という理解には，反論していない。しかし，資本主義なり商品経済なりは，どんなに経済が発展しても，部分でしかない，という把握をしているのであり，この部分性を徹底的に解明することで，理論の守備範囲を拡大しなければならない，というとりあえずの共通の結論には到達できそうな予感がするのである。

2　現実の経済と理論上の経済の乖離

純粋資本主義 – 世界資本主義論争

　侘美光彦は，鈴木鴻一郎，岩田弘，伊藤誠らと並ぶ，世界資本主義論者のひとりであった。宇野弘蔵が，原理論の抽象の基礎となる理論的な社会モデルが，純粋な資本主義の社会でなければならないと提起したのにたいし，侘美らは，世界資本主義を出発点としての構造物の基礎に据えて，その上部に，現実分析のための理論を構築すべきだと，論陣を張ったのである。段階論とは，世界資本主義としてのグローバルな理論が構築されるにいたるが，本章では，ひとまず避けて，原理の問題に限定することにする。したがって，原理としての純粋資本主義が，いわば，正統の宇野理論の方法論であったとすれば，原理としての世界資本主義を主張する経済学者らは，宇野理論内部の異端派であったというべきであろう[2]。

　しかし，世界市場なり，世界全体の資本主義の枠組みを前提にした世界資本主義の基礎理論は，表面上の激しい対立とは裏腹に，実質的には，純粋資本主義の原理論とさほど変わらず，株式会社を原論の内部で説くか否かなどの，細かい対立点を除けば，論理展開自身は非常に近似したものとなり，いつしか方法論争自身にも，熱が入らなくなるという事態を迎えるのである。

　では，この論争は，不毛な論争であったのであろうか。たしかに不毛な部分はあったに相違ない。しかし，われわれは，侘美の論述を詳細に再現するならば，今後の理論の旋回に有益な鍵が隠されているように思えるのである。それは，純粋資本主義において，どこが「開口部」（小幡 2008：89）という問題を侘美はさまざまな角度から指摘しているからである。基本を先取りすれば，侘美の理論も，従来型のマルクス主義思想や宇野理論的発想からではなく，現存資本主義社会を批判し，その歴史的な性格，歴史的な限界をえぐり出そう，という構えを有している，ということである。そのなかでなお，われわれの現在，実際に生きつつ，体験中の社会は，「純粋な資本主義の社会」とは言い難いから，何か別の構図なり名称で把握できないのか，と苦闘しているところにヒントを探し出さねばならないのではなかろうか。

理論と現実の乖離をめぐって

　そのヒントは，外部性という概念にある。侘美は，商品経済から見ての外部を理論に取り込もうと格闘したのである。成功したかどうかは疑わしい。しかし，次世代に問題の提起を残して亡くなられた。それにたいして，従来の純粋資本主義論者は，共同体から見て外部の商品経済が自立したひとつの社会構成原理に成り上がってしまったから，本来の姿に戻るためには，商品経済を排除した社会主義を作らねばならない，と考えたのである。外部も，どこから見ての外部か，使用方法はさまざまだし，本来は外部の商品経済が，労働実体を有する内部を包摂して，特殊歴史的な資本主義を形成したと理解するにしても，この外部なる商品経済の本当の出自ないし起源は何だったのか，疑問が残るのである。従来型の資本主義・社会主義のシェーマ的な理解が，いろいろな面で，その効能を弱めつつあることだけは，確かであろう。理論と現実の乖離が大きければ，理論の根本構造にまで改革が必要になるのではあるまいか。

　『世界資本主義──『資本論』と帝国主義論』は1980年の1月に出版された，侘美の理論的な方法論研究の書物であるが，そこで，理論と現実の乖離が発生したらどうすべきか，理論から現実が遊離していることが認識されたとすれば，理論の理論たるべきものが，分析の基準になったのだと，凱歌をあげるのか，そうでないのか。

> どんな種類の理論であったとしても，けっして絶対的に完成され終わったものは存在しないということである。もしある特定の理論にもとづいて現実の資本主義を分析し，そこでの事実を十分に解明しえなかったり，理論では予想しえなかった新しい事実があらわれたりしたようなばあいには，事実のいっそう精確な検討と分析とが要請されるだけでなく，その理論に立ち帰って，それがより完全で総括的なものとなるよう修正されることが要請されるべきであろう。(侘美 1980：1)

　このように理論と分析のあいだには，たえず緊張をはらんだ相互関係が

存在し，理論および事実分析の両者が相互に反省されつつ完成されていく過程は，ある意味では無限にくりかえされねばならない。(侘美 1980:2)

　現実が商品経済の単一原理で構成されていれば，この分析基準としての現存の理論水準の問題点が将来の理論にフィードバックする研究方法は有効であるかもしれない。原理論は，ますます精緻化された商品経済の原理論としてリファインされるからである。しかし，現実の人間の経済的な活動が，たとえば，共同体を基礎にするビヘイビアが基層のところに存在し，その基層によって上部構造の商品経済的な部分が支えられているという関係であったとしたら，どうであろうか。これは単に商品経済とか資本主義の純化・不純化の問題ではなくなる。

理論的な冒険とその中断

　侘美の論点は，資本主義的な生産様式を前提しなくても，どんな歴史的な多様な生産様式でも，交換の場にさらされれば，それは商品となる，その意味で外部的な由来をも内包化できる，という主張であった。しかし，侘美は，あえてそのような外部的世界に踏み込んでいこうとはせず，内面化論というスマートな方法で，原理としては除外してきた。しかし，いつまでも外部性とか不要要因の本質理解の努力から逃げていては，原理は商品経済の原理のままなのである。この場合，内面化論の展開は，いくら，商品経済の原理，資本主義の市場メカニズムを精緻化しようとして，その精緻化なり世界市場を前提にした商品経済の論理展開は可能だろう。しかし，それでも，現実と理論の間のギャップなり本質的な乖離は埋められないままなのである。商品の外部性を侘美のように認識した場合，その商品はどこから来たのか，と問題提起されるべきであろう。商品なるものが，資本主義的な生産様式の産物では，必ずしもないのだとしたら，そのを捨象してしまうのか，そこにこだわるのか，分岐点なのである。商品そのものの出自は，問われるべきではないだろうか。

　侘美は，資本主義は原理のレベルでも，純粋の前提では理論はないだろうと問題提起した。しかし，周知のように，商品概念を背後に非資本主義的要

素を抱え込みながらも，内面化した結果の概念として商品を捉えることによって，この，非資本主義的な要素を俎上に載せる方法をみずから閉ざすという，侘美にとっての「意図せざる結果」を招いてしまっているのである。いやそれは，少し言い過ぎかもしれない。ある意味では，労量力商品の無理に関連して，家族共同体の存在が，資本主義にとって，外部世界の典型として，提起されている部分もあるので，侘美を純粋資本主義論者と同列に扱うのは，あまりにも酷な評価かもしれないのだが，共同体と市場の関係に架橋するという，困難な作業への旅立ちが必ずしもなされたわけではない。その意味では，理論的な冒険が中断してしまっているのではあるまいか。

　それではどこに侘美理論を発展させる「開口部」が，侘美の業績のなかで，見られるだろうか。本章では，世界資本主義として，非資本主義の要素を理論的にも重要だと指摘した侘美の業績を，ひとまず，丁寧に追跡することにより，侘美が提起した労働力商品化の無理，商品経済を支える生産様式の多様性の議論などに迫ろう。

3　冒頭規定の商品概念と「純粋資本主義」批判

　侘美が経済学の理論を構築するうえで，終生こだわりつづけたのが，「純粋資本主義」への批判であった。より正確に言えば，「純粋資本主義」という社会モデルを理論の前提条件に位置づける経済学の方法にたいする批判であった。

　それでは，どのような観点からの批判なのか。『世界資本主義』には，次のように記されている。

> 宇野体系では，第一の領域［流通論——引用者。以下同じ。］においても，第二，第三の領域［生産論の領域と分配論の領域］と同様に，「純粋資本主義社会」が想定されていると考えられている点で，両者［マルクスと宇野弘蔵］ははっきり異なっている。このため，宇野体系では，「純粋資本主義社会」から抽象された冒頭の商品形態が，歴史的・外的な商品形態であることが，理論的展開そのものによってはけっして明らかにされえない構造に

なっている。このばあい，商品形態の歴史性は体系的展開によってではなく，「序論」における補足的説明によって——すなわち展開に先立つコメントを通して——明らかにされる以外にない。冒頭の商品形態が「純粋資本主義社会」それ自体のなかから抽象されるとすれば，それは理論的には，あくまでも資本主義的生産にのみ存在する形態にとどまり，そのような形態が同時に特殊歴史的形態規定をもつことは，体系そのものからは導かれえないからである。／また，この領域の展開で，マルクスの「世界貨幣論」が事実上排除されるような展開の方向がしめされたことは，とくに注意されなければならない。(侘美 1980 : 123 - 124)

侘美がここで強調している論点は，商品という流通形態が歴史的な由来をもつこと，人類の太古の昔から存在したさまざまな共同体から見れば，外からやってきた外的なものだということ，この二点である。このように主張することで，侘美は，資本主義社会が内的自立構造を有する社会であると仮定すれば，商品なる存在は，その自立の構図の空間の概念を使えば，基軸的資本主義世界の外側に存在していた，時系列で言えば，資本主義の成立する以前に広くあまねく存在した，という空間的外在性・時間的先行性の明示を主張したかったのである。しかし，問題は，外在的商品の存在が，理論の場では，内面化されてしまう，ということなのである。

4 「内面化論」という抽象作用について

「内面化」をめぐる論争

侘美が論争のなかで取り上げ，自分自身の課題としたことは，「世界資本主義」という方法論が「純粋資本主義」的方法論よりも理論的に優位にある，という証明であった。しかし，純粋な資本主義を想定した場合の理論と，世界資本主義を前提に置いた理論とでは，実際に展開された原理の構造は，同様に見えてしまう，という問題点を抱える。それはひとえに，冒頭商品に帰着してしまえば，あとは商品経済の論理のみになり，商品経済の原理としては，さほどの相違点はなくなる，ということでもあった。この点が，純粋資

本主義・世界資本主義の論争の特徴でもあり，純粋な資本主義から抽象された，冒頭商品規定も，内面化という作業を経て，抽象化された商品規定も，結果は同一になってしまうことから，論争のいっそうの進展は頓挫してしまうことになったのである。

それでも，内面化のプロセスを理論的に明示することの意味は，一定程度存在するであろう。純粋資本主義論者が，世界資本主義論者にたいして寄せた批判点のひとつが，この「内面化」という論理にあったことにも注目しておく必要があろう。

侘美は，論争点を整理して，次のように言う。

　（一）『内面化』論における論理のあいまいさ，それに関連して生ずる「世界資本主義」なる概念の非現実性，（二）「内面化」された資本主義的生産の世界といわゆる「純粋資本主義」的生産の類似性をいかに理解するか，という問題，（三）株式資本の展開に関連する諸問題，すなわちそれを導く論理に残された不十分性，利潤率不均等化を前提とした株式資本論と「原理論」体系との整合性の問題，またこの部分についてのみ，なぜ部分的に歴史過程が写されることになるのか，というような諸問題，（四）一般的にいって「流通形態論」および株式資本論が，上部構造との相互関連の中でのみ展開される現実の歴史的移行過程をどのように理論的に「模写」しうるのか，（五）資本主義の国民性と世界性との関連についての問題，等々であった。（侘美 1980：135 - 136）

まずは，この論争の帰結自身が，必ずしも実り多かったわけではないと，多少の自己批判をこめつつも，同じ内面化といっても，鈴木鴻一郎の内面化と，岩田弘の内面化には，「重大な相違点がある」（侘美 1980：144）とされ，さらに，侘美自身の内面化論も，この二説とは，微妙な差異がある，とされるのである。

鈴木鴻一郎の内面化論

鈴木鴻一郎によれば，「［資本主義的生産の］自立性は，……資本主義的生産が

特定の産業部面を基軸とする部分的な社会的生産としてあらわれながら,商品関係をとおして他の社会的生産や社会関係と関連していくその関連の仕方そのもの」(鈴木 1962:517)のうちにあるのだとされ,関連が商品という形態なのだとされる。具体的には,「資本主義的生産が,国内的であろうと国際的であろうと,他の社会的生産や社会関係と商品形態をもって関連しながら,しかもそのおなじ商品形態をもって社会的生産の主体をなす労働をその内部に包摂しているということによるものといわねばならぬ。商品形態にあっては,いっさいの社会関係が物と物との交換関係として疎外せられ,商品それ自身の価値と使用価値との対立関係に転化するから」,「内面化」ないしは,「通訳」(鈴木 1962:518)されるのである。

この場合の,内面化の主体は,鈴木によれば,資本主義の基軸的部分なのであって,周辺の産業部面を内面化するのも,商品という共通の形態,周辺の他の社会的関係を内面化するのも,商品という共通の形態だということになる。

岩田弘の内面化論

これにたいして,岩田は,「どのような機構をとおして商品経済による非商品経済の外的分解作用をそれ自身の内部の生産力と生産関係との対立関係に内面化するか」(岩田 1964:16),こその問題が重要なのであり,資本主義を主語にして内面化を語るのではなく,商品経済を主語にして内面化を語らなければならない,しかもその内面化の機構が重要だと主張される。どうも岩田の理論のほうがマルクスの商品経済の共同体分解説に忠実なようである。

「商品経済は非商品経済に外部から浸透してこれを分解」し,「ひとたび商品経済それ自体の価格関係のうちに物化され疎外されてしまえば,それはもはや商品経済にとってはその内部的な対立関係,一般的にいえば,価値と使用価値との対立関係」(岩田 1964:16),と述べつつ,鈴木と岩田の差異が明確にされるのである。鈴木が,世界資本主義の基軸的産業の自立化が世界資本主義を内面化する,という構図を打ち出したのにたいして,岩田は,資本主義成立以前の,普遍的な商品経済の自立的な力が,太古の昔からの人類のさまざまな歴史的共同体を外から浸透して分解する,というきわめてマルクス

的な理解を示すのである。

侘美光彦の内面化論

これらにたいして，侘美は，独自な内面化論を次のように樹立する。

内面化というのは，抽象的に語られてはならない。世界資本主義の具体的な歴史的展開のうちで，特定の一時期に限定されるのであり，岩田のように，商品経済の普遍的分解能力とイコールであるとしてはならない，と。

> [自由主義段階の] 当時の世界市場の価格機構について，次のような事実が存在したことに十分注意されねばならない。すなわちこの段階において，非資本主義的生産諸国からイギリスが輸入する商品の価格は，たしかに好況末期に一時的に急騰したものの，それは，つづいて発生した周期的イギリス恐慌をとおして，必ず反落を強制され，結果的にせよ，その価格騰落がイギリス産業資本の蓄積によって規制されたこと，また，恐慌後の急落した世界的物価の低水準の中で，イギリス産業資本のみが，この物価水準に適応できる新しい生産力を導入し，これによって，たえず他国より有利に生産を拡張できる内的動力をつくりだしたことである。このことを換言すれば，イギリス産業資本は自己の生産関係と生産力との矛盾を自立的に解決する機構を確立しており，その解決の具体的課程がこの期特有の周期的景気循環にほかならなかったこと，またこの景気循環は，当時世界市場に占める貿易および金融上のイギリスの圧倒的地位を介して，世界市場全体に波及し，したがって世界市場の商品価格も，究極的には，このイギリス産業資本自身の製品価格の変動を中心に規制された，ということである。このような意味において，非資本主義的生産による商品を含めた当時の世界市場全体の価格体系が，ひとつの基準をもって変動していたと考えられるのである。(侘美 1980：146)

しかしなお，根本の問題は，そのままである。自由主義段階のイギリス産業循環を歴史的基礎に，内面化し，冒頭商品にゆきついてしまう。商品という流通形態が共通の理論的前提だとするならば，世界市場の価格機構を背景

に設定するかどうかはともかく，価値と使用価値の内的矛盾に一切が，商品経済的原理として溶解してしまう，自立の論理になってしまうのではないか。方法論は違う。しかし，展開する理論においては，差異性は溶解されている。同じ原理を展開するのだったら，何のための議論だったのだろう。

世界資本主義と純粋資本主義の相違点

しかし侘美は，同じ原理に行き着くのではないという。明快に，世界資本主義は純粋資本主義と，次の点で異なるという。

ひとつめ。原理論の研究対象が違うとされる。純粋資本主義の研究対象は，あくまでも抽象的に設定された，純粋資本主義という社会ではなかったのか。そのように，純粋な資本主義という対象を設定すれば，自己矛盾に頓着する。世界資本主義だと，研究対象で自己矛盾の陥穽に落ち込むことはない。

純粋資本主義の場合，「三大階級に「純化」されたような社会」という古典派的，リカード的なイギリス社会のイメージと，「共同体と共同体とのあいだに発生した特殊的な商品経済が，労働力商品の生成をとおして社会的労働生産過程の全体をつかみ，それ自体で自立的に運動しうるようになった社会」(侘美 1980：149) という説明は，「必ずしも同一ではない」(侘美 1980：150) というのである。

三大階級と純粋資本主義とは，次元が異なる。侘美の指摘は，至極もっともである。この点は，宇野弘蔵は，純化傾向という概念を使うとき，資本の原始的蓄積の時期を包含して，「十八世紀から十九世紀の前半にかけてのイギリス資本主義の発展」が純粋な資本主義への近似傾向をもっていた，とするが，原始的蓄積の「経済外的強制」と，自由主義段階の純化傾向とは，質が違う純化の傾向なのだと侘美は強調する。産業資本による自由主義段階では，資本主義の自立の論理が言えて，それは「部分性」の話でしかない。非資本主義を残しつつ産業循環を繰り返すのだから，全体的な純粋資本主義の社会へ近似していくということではない。これにたいして，強制されて，農民が土地からの緊縛を解除されて自由な労働者になるというのは，「全体概念」(侘美 1980：151) であって，同じ純化概念ではないのだと。

侘美は，純粋資本主義と世界資本主義とは，対象がちがう，という。それ

は，部分的な資本主義的生産の関係が，世界市場での競争力優位を背景に，価格基準のヘゲモニーをもつからだと，周辺の非資本主義の諸社会を包摂する機構を重要視するのである。言い換えれば，「生産物商品についての全面性」（侘美 1980：153）と同義だということになる。ところが，この生産物がイギリスの強大な世界市場制覇力を有する産業資本によって，産業循環のプロセスのなかで生産されるのは，いうまでもない。ところが，この生産をになうべき労働力商品が，じつは，資本の生産物ではない，という入り組んだパラドックスが存在することになり，そこで，侘美が言うように，「資本主義的生産の部分的性格は，たんなる生産物商品ではない唯一の商品である労働力商品に集約してあらわれる」，「換言すれば，非資本主義的生産の存在を必ず前提とする資本主義的生産の部分的性格は，少なくとも『生産論』以降においては，労働力商品についてのみあらわれる特殊な規定性——この商品の再生産についてのみ，理論的にはどうしても非資本主義的生産関係の存在を排除しえないという規定性——として集中的に論じられねばならない」（侘美 1980：154），となる。何でも作れる労働力が商品として売買されることが資本主義の全面的確立の基礎となる。ところが，この何でも作れる労働力は，家族という具体的な表現こそ，避けられてはいるものの，非資本主義の世界に属する事柄なのである。その意味では，部分の宿命を，侘美は，純粋資本主義論者よりも明確にもっていたというべきであろう。

5　労働力の商品化の無理について

　労働力商品の場合，侘美は，非資本主義による，労働力商品の再生産，という用語法を用いる。あたかも，家族内部で，ロボットが物的に生産され，それが繰り返されているようなイメージである。たとえば，「労働力商品の再生産には必ず非資本主義的関係を前提せざるをえない」（侘美 1980：176）のように使用されるのである。しかし，商品経済的原理の概念を使うならば，この表現しか見当たらないのもまた事実であり，私は，長くこの表現に違和感を覚えていた。事態をもっと的確に表現できないものかと。
　これにたいして，山口重克は，『経済原論講義』のなかで，「労働意欲の形

成」をキーワードにして理解しなおす方法を提起している。人間には，生産される，という把握は適当でない。何のために賃銀を〈戴く〉のか，それは労働者が家族のもとに帰って，人間として生活するために，労働の報酬として〈戴く〉，平たく言えば給料をもらう，のである。山口は，「資本家は労働者の労働能力と労働意欲を商品として購入する」(山口 1985：101) と述べて，労働力商品の売買という概念を，工場に来てもらった労働者という具体的人間が，労働の意欲を有して行動するのかどうか，労働の一定水準の能力を有して行動するのかどうかが重要であり，実際に労働してもらう，という側面で捉えている。労働力を商品として買うということは，山口にあっては，「労働力は単なる物と違って，労働者の主体性を媒介しなければ消費すること，すなわち労働させることができない。主体的な労働意欲のない労働者に無理やり労働させると，怠けたり，集中度が低下したりして，生産手段の消費の無駄が多くなったり，不良品の比率が大きくなったりする」(山口 1985：110) と，叙述されて，賃銀のもつ意味は，労働意欲を有する主体を確保することにある，と考察された。

　侘美は，意欲の問題を，生産過程の問題として捉え，「たしかに機械体系の確立によって労働力の物化が促進され，労働者の資本への従属が進展する。だが，その生産過程は，労働者が対象に主体的に働きかけ，またその対象が他の人間労働を前提としたものである，……換言すれば，資本主義的生産過程の内部においても，どうしても商品経済化しえない部分が残されている点が重要なのである」(侘美 1980：164) と述べる。工場の内部で，労働力が労働者の個別的主体性に担われて発現する状態を，侘美は，商品経済化していない状態だと総括する。山口は，別に，商品経済には言及していない。

　これは，協働というものの理解にかかわることであろう。工場のなかで，あるいは商店のなかで，人びとが，賃銀という報酬と引き換えに，みんなで働くという人間の主体性による行為を提供する。やはり，提供の対象があって，それは資本家だったり，会社だったりと認識される。これは，物的な提供ではないが，労働力という一種のサービス的活動の提供であり，この場合は，交換条件があらかじめ合意に達している。交換条件合意のもとでの物・サービス交換は，あきらかに，商品経済の交換行為であり，その意味では資

本主義的ではないが，商品経済的だと言えよう。しかし，侘美が言うとおりに，共同行為は共同体的な人間の労働行為そのものなのであって，これは，あらゆる社会に共通する事象なのである。この事象に着目して，侘美は，資本主義なり商品経済なりの部分性を見たのである。

　山口は，このような部分性を認識していないわけではなく，むしろ積極的に理論で把握しようとさえ努力するのであるが，そして山口は，原理ではなくて，段階論的中間理論の必要性を提起するのであるが，なぜ，純粋な一元的原理にこだわるのか。その理由は，山口自身の言葉によれば，宇野弘蔵と同様な認識なのであるが，「人類史上のある時期に，商品経済的関係が人間と自然との物質代謝を処理する圧倒的に支配的関係となった社会が登場したため」(山口 1985：80‐81)だとされる。ここが純粋理論の基礎の前提である。しかし，それは少し言いすぎ，過剰な仮定ではなかったのか。人間と自然との関係においても，人間と人間との関係においても，お互いを思いやる共同体的な贈与と贈与の関係を基礎に，人間は日常的行為を繰り広げてはいないだろうか。商品経済も，贈与行為の亜種であると理解すれば，きわめてしっくりと人類の歴史の発展を総括できるのであり，なおかつ社会原理の転換を企画する社会主義思想の必要性も消滅してしまうのである。

　侘美は，失業に関して，家族および非資本主義的な世界を想定する。「マルクスの産業予備軍中のいわゆる「流動的」および「潜在的」過剰人口が，「原論」で規定される「相対的過剰人口」であるとされ，失業中の彼らは，基本的には，「原理的には規定しうることができない」が，事実上，家族としての労働者の「自然増殖」の問題と同様に，家族その他の現役労働者の賃金によって生活しうるであろう，と説明されている」(侘美 1980：174)，「失業者の生活費は，資本がいっさい負担する必要のない費用であり，その費用は，多かれ少なかれ，資本主義以外の諸関係に負担される，と考えられるべきであろう。……「原論」においては，「相対的過剰人口」一般として，抽象的に非資本主義的関係に依存しつつ生存する，と考えられる以外にない」(侘美 1980：175)，と叙述している。

　それでは，原論内部の抽象的な非資本主義的関係とはどのように規定されてしかるべきなのか。これこそが，われわれに残された課題なのである。

6　おわりに

　侘美は，賃銀の内容に，家族扶養義務を内包させる必要はないという。それはそうかもしれない。家族の事情が，賃銀に反映しないのが資本主義社会の賃銀法則なのである。しかし，同一労働同一賃銀の原則は，いたるところで崩壊する。資本主義を維持するために国家が，家族扶養の手当てを貨幣で支給する。企業も，家族の扶養手当を賃銀として算入する。賃銀に限らず，大家族で収入が少なければ，いろいろの相互扶助作用が働く。なぜか。労働力は家族共同体が生存できてはじめて，市場に供給されるからである。侘美が原論内部で非資本主義の諸関係とぼかして表現した内容は，商品概念が共同体という人間の本源的存在形態に由来して登場してきた，という理解で，共同体から自然発生した商品経済と資本主義的人間ビヘイビアとして総括できうるのではないだろうか。

第6章　貨幣と共同体

1　はじめに
　——問題の所在——

　貨幣は，人類にとって，また，社会科学者にとって，深い闇に包まれた永遠の謎である．偉大なる経済学者でさえ，万人が抱く貨幣の謎を十全に解き明かしてはいない．貨幣の廃絶こそが人類の未来のあるべき姿であると考える学者もいれば[1]，貨幣の奴隷になってしまう場合もある．人は彼を「守銭奴」と呼んだが，人は皆貨幣にこだわり，多かれ少なかれ，守銭奴である．貨幣への欲望によって，人間関係が崩壊したり，あるいは，人間の不幸を招いたり，そして不幸を増長させるものもいる[2]．
　また，学者として，理論の一貫性を重視しようとすれば，スミスやマルクスなどの古典経済学が確立した労働価値説に立脚せねばなるまい．その地平に立てば，交換される財である以上，商品と同様に，貨幣も等しい労働量の生産物となる．それでは，貨幣のなかに人間労働が素粒子のように，ぎっしりと詰まっているから，貨幣は貨幣としての固有の価値を有するのか．しかも同量の投下労働が対象化されているのだろうか．
　いや，現代の経済の革新のなかにいればそうは思われない．パソコンのキーボードを叩けば，貨幣は人から人へと，口座間で移動してゆく．電子的

な情報で貨幣の遣り取りが瞬時に達成されるではないか。インターネットの世界は貨幣を記号として抽象の事象のように処理してゆく。買い物はパソコン操作で可能となり，貨幣の決済行為もパソコンでのパスワードなどを駆使すれば，瞬時に完了する。駅に行けば，改札口では，ICチップ内蔵のカードと改札口の機械が電波を自動で交信し，カードの中の貨幣が駅のコンピュータに移転してゆく。

　中央銀行券について見れば，いまや兌換銀行券から銀行券の時代に変化した。それは，紙切れにすぎず，各国の文化や歴史を背負った図柄が最高度の印刷の技術の裏づけで作成され，偽造の防止が最重要の課題となった。国家が連合すれば，ユーロのように，共同体としてのヨーロッパ連合の統合のシンボルともなる。いまや金貨は，貨幣ではない。蓄蔵貨幣であると理論的に言おうと思えば言えるが，コレクターや富の普遍性を信じる金持ちの蒐集の対象となった。このように，貨幣は多様であり(3)，また，素材変遷も急速に進行している。ではなぜ，貨幣素材の変遷が発生したのか。地域ごとの貨幣相違をもたらしたのはなにか。この問題に対する答えは，おそらく，ひとつではあるまい。貨幣は共同体の富のシンボルである。富とは何か。富とは，ひとが生きるうえでの手段である。人は，それを受け渡しつつ，つまり，もらったり，やったりしながら，協力し合って，助け合って，生きているのである。貨幣がなければ，生身の富，つまり消費せざるを得ない富を贈与しなければなるまい。貨幣があるからこそ，シンボライズされた共同体の普遍的富を贈与できるのである。共同体の中に固有に貨幣は誕生してきた。このような問題意識に立脚しつつ，マルクスの貨幣理論から，検討をはじめよう。

2　マルクスの貨幣理論の考察

　マルクスの貨幣に関する考察を，以下，あらすじだけで検討することにしよう。マルクス理論に関しては，特に詳細なテキスト・クリティークが必要であるのは，その影響力の絶大さからいっても，言うまでもない。それはここでは後日の研究テーマに譲ることにして，特徴的な諸命題を紹介し，その意義と残された課題を明確にしてゆきたい。

貨幣についての六つの命題

　まず,「人と人との関係は……物と物との……社会的関係に変装されてはならないのである」(Marx 1867-94, I : 91-92),「共同的な,すなわち直接に社会化された個人的労働力がはじめから,ただ家族の共同的労働力の諸器官として作用するだけだからである」(Marx 1867-94, I : 92),という。また,「労働時間は,同時に共同労働への生産者の個人的参加の尺度として役立ち,したがってまた共同生産物中の個人的に消費されうる部分における生産者の個人的な分け前の尺度として役立つ。人々が彼らの労働や労働生産物にたいしてもつ社会的な関係は,ここでは生産においても分配においてもやはり透明で単純である」(Marx 1867-94, I : 93),「生産物の商品への転化,したがってまた人間の商品生産者としての定在は,ひとつの従属的な役割,といっても共同体がその崩壊段階にはいるにつれて重要さを増してくる役割を演じている」(Marx 1867-94, I : 93)。この命題群を便宜的に,マルクス労働A命題と名づけよう。

　また,金という素材に関して,マルクスは次のように言う。「ところで「金銀は生来貨幣なのではないが,貨幣は生来金銀である」ということは,金銀の自然属性が貨幣の諸機能に適しているということを示している」(Marx 1867-94, I : 104),と。この命題を仮に,マルクス貨幣素材B命題としよう。

　金が貨幣なのかどうか,マルクスは次のように言う。「簡単にするために,本書ではどこでも金を貨幣商品として前提する」(Marx 1867-94, I : 104),と。これをマルクス金貨幣前提C命題としよう。

　「流通手段としての貨幣の機能からは,その鋳貨形態が生ずる。諸商品の価格または貨幣名として想像されている金の重量部分は,流通の中では同名の金片または鋳貨として商品に相対しなければならない。価格の度量標準の確定と同様に,鋳造の仕事は国家の手に帰する。金銀が鋳貨として身につけ,世界市場では再び脱ぎ捨てるいろいろな国民的制服には,商品流通の国内的または国民的部面とその一般的世界市場との分離が現れている」(Marx 1867-94 138-139)。ここでの,貨幣が国民の制服を纏うという鋳貨国民制服命題を,マルクス鋳貨D命題と呼ぼう。

第6章　貨幣と共同体　　107

「ここで問題とするのは，ただ，強制通用力のある国家紙幣だけである」(Marx 1867 - 94, I : 141)，「紙幣は金章標または貨幣章標である。紙幣の商品価値にたいする関係は，ただ，紙幣によって象徴的に感覚的に表されているのと同じ金量で，商品価値が観念的に表されているということにあるだけである。ただ，すべての他の商品量と同じに，やはり価値量である金量を紙幣が代表するかぎりにおいてのみ，紙幣は価値章標なのである」(Marx 1867 - 94, I : 142)。このいわゆるフィアットマネーとしての国家紙幣命題をマルクス価値章標 E 命題としておこう。

「貨幣の章標はそれ自身の客観的に社会的な有効性を必要とするのであって，この紙幣の象徴は強制通用力によって与えられるのである。ただ，ひとつの共同体の境界によって画された，または国内の，流通部面の中だけで，この国家強制は有効なのである」(Marx 1867 - 94, I : 143)。これを，マルクス共同体内部貨幣 F 命題としておこう。

共同体の価値のシンボルとしての貨幣

マルクスの『資本論』での貨幣理論は，貨幣機能論であると同時に，貨幣素材論でもある。貨幣素材としては，金・紙（卑金属）・金の順番で叙述が行なわれ，これは貨幣機能の，価値尺度・流通手段・蓄蔵手段に対応した規定となっているわけである。言い換えれば，きわめて明瞭な，ヘーゲル弁証法のトリアーデ形式をなしているのは一目瞭然と言えよう。すなわち，三つの構成要因が，正命題・反命題・合命題となっており，価値尺度機能を貨幣機能とするときは，素材としては金を措定し，それを流通手段では自分の手元に留まらない貨幣なのであるから，素材の問題よりも貨幣の共同体内部での信認が問題となり，鋳貨や紙幣が議論されるにいたり，そのような象徴貨幣で金素材論を否定し，最後に蓄蔵されるためには，使用価値と交換価値の実在が重要であるから，という視点を提示し，金素材貨幣で考察を終えている。

貨幣の素材は，シンボルが張られる素材であれば，紙幣でも卑金属でも，何でもよいのか。それとも，金や銀でなければならないのか。はたまた，貨幣は商品世界の王者の地位を占めるという，一般的価値形態の議論から演繹されるような，一般的等価物という商品で貨幣適格性を有する素材なのか。

マルクス貨幣素材B命題は，貨幣は生まれながらにして金だという命題である。しかし，人類学が探求する以前から，子安貝や青銅の鋳造物（中国では，刀の章標の鋳物などが発見されている）など，地球上に人類の差異性がある限り，初期社会からさまざまな貨幣が息づいていたことは周知である。しかし，価値の実体が投下された労働だとする，古典から近代の経済学の伝統をもってすれば，金貨幣でなくてはならない。貨幣があらゆる商品の交換価値を客観的・普遍的に価値尺度するのであれば，労働を対象化された貨幣・商品群という共通項が要請されるのは，マルクスの理論的洞察のとおりである。ただし交換主体が，労働の量を意識して，交換ビヘイビアを行なう動物であるとすれば，という仮定のもとでの議論である。

　マルクス労働A命題は，原始共同体には，そもそも，貨幣や商品は存在せずに，労働の分業が見られたという想定である。このA命題から演繹される社会理論は重要である。すなわち，社会主義社会を仮に想定しようとすれば，その社会編成原理は直接的労働の共同体による計画的な配分の原理でなければならず，また，原始共産制のマルクス的理解を援用しようとすれば，労働成果の分配方式についても，労働せざるもの食うべからず，のスローガンになり，労働時間基準による分配ということになろう。このように，共同体至上主義の規制で模索して，結果としては社会主義経済体制の無理な追求ということになり，大失敗を繰り返すことになる。

　そこには，共同体に属してはいるが，なおかつ，共同体の内部で，個人として個人に相対するという観点が欠落していたというべきであろう。人類の社会を人と人との直接的な権力的な生の紐帯，指令や命令などの直接的なつながりでのみ把握しようとした社会認識におよぶ誤謬である。人は，贈与をとおして，他人とつながるのである。

　マルクス金貨幣前提C命題は，金を貨幣として素材的に断定しているようで，マルクスは，実に用心深く，仮定に留めた，という点で重要である。金素材は，偶然の産物なのである。決して，論理必然的に，金のみが貨幣であるという命題を証明できないであろう。

　鋳貨や紙幣が論じられる流通手段論になれば，マルクス鋳貨D命題，マルクス価値章標E命題，マルクス共同体内部貨幣F命題の命題群のように，金

素材が刻印された鋳貨になり，鋳貨の摩滅の許容という分析となり，さらには，紙片に金額と模倣を排除する克明な印刷をしただけの，内部貨幣なり，フィアットマネーになる，という論点が示される。

　共同体の内部では，共同体が決めたものが貨幣である。すなわち，共同体の価値のシンボルが象徴としての貨幣なのである。マルクスはそれを，強制通用力による紙幣と把握してみたり，国家が刻印した象徴貨幣としての鋳貨と言ってみたりする。流通手段は，市場の論理である。これは，共同体の論理ではない。市場で転々と人から人へと渡されていくのが流通手段としての貨幣なのであるから，次に，自分が貨幣を使うときに，受け取り拒否に遭わなければ，それでよいことになる。金である必要はなくなるというわけだ。では，なぜ，そのような象徴なり記号なりが貨幣なのか[4]。共同体の内部だからだ，というのがここでのマルクスの理論であり，これはマルクス貨幣理論の最大の功績であるといっても過言ではあるまい。

3　ハリスの貨幣起源論の検討

　ジョウゼフ・ハリスは，アダム・スミスやカール・マルクスに多大な影響を与えた。いわば現在の貨幣理論の本流の形成者だと言ってもよい。そして，周知のように，物々交換は不便であり，実現困難であるという前提から議論を組み立てた。1757年にロンドンで発行されたハリスの『貨幣・鋳貨論』は，物々交換はそもそも困難だから貨幣が必要なのだというアリストテレス以来の貨幣起源論の本流の理解に加えて，共同体固有の議論も残している。ここでは，本流のハリスの貨幣論に加えて，傍流の議論をも考察の対象にしたい。
　「貨幣とは何か。それはどこから生まれたのか」（Harris 1757 = 1975：35）と問う。貨幣の機能だけではなく，貨幣の生い立ちまで研究しようとする。氏素性が分かれば，人類が貨幣とどのように付き合うべきかの参考となろう。

　　単純な物々交換の持つ大きい不便を避けるために，あらゆる他物との交
　　換にあたって普遍的に受容されるべき素材ないし財貨がやがて承認され
　　たのであって，これがわれわれが貨幣と呼ぶところのものである。この

発明物ができあがると，人々はただちに彼らの財貨の価値を貨幣で計算し，価格，購買，販売という用語が使われるようになった。そうしてあらゆる物の購入にあたっては，以前それらの各個に与えられていた価値——諸物を相互に比較しての価値だけでなく，いまでは貨幣となった財貨に比較しての価値——に比例して，あるいは多量あるいは少量の貨幣の支払いに用いられるのである。(Harris 1757 = 1975 : 35)

　ここで問題となるのは，本章の主題の問題意識とも関わるのであるが，「単純な物々交換」という想定である。それでは，単純でない物々交換とは，逆に言えば，何か，ということにもなるのである。人と人とが，「単純な物々交換」を行なう場合は，「単純な」という形容を冠につけることで，余計な人間心理の何かを捨象しようとしているわけである。したがって，自分自身の物的な欲望を充足しようとする目的設定が純粋になされている理論的仮定になっていることは明らかである。しかし，そこに問題の根源が存在する。人間は何を目的にして，他人と物々交換を要求するのか。自己満足最大ではなくて，もっと別の動機が潜んでいるのかもしれない。

　ともあれ，ハリスは，この本文に続けて，興味ある注記を叙述する。物々交換以前の事情について，交換の便宜が貨幣の起源だとする説明と違うストーリーが用意されている。すなわち，「単純な物々交換から貨幣の発明に至る第一歩は，おそらくは，本来の所有者が請け出すべき質物（pledge）ないし供託物（deposit）の使用であった。そうして金属は耐久的であり，減らさずに分割することができ，持ち運びが容易であり，その有用性のゆえに他の諸物と同様にそれ自身で価値を持っているので，人々は金属を質物として持つことを切望し，しかもこういう欲望が普遍的になると，右の金属がたんなる質物として用いられることから進んで，やがて貨幣となったのである」(Harris 1757 = 1975 : 35)。

　ここに叙述されている事柄は，一見すると，貨幣素材適性論から金属が選択されたという議論にも読めるが，その選択のプロセスが，じつは市場ではなく，市場以外の何かの要因だったとハリスが推測しているところが重要なのである。時間の経過に使用価値消耗が伴わないもの，耐久性を有するもの，

それは金属である。市場原理では，次の購買まで時間が経過すると説明する部分が，ハリスにあっては，詳細な状況説明は省略されているものの，供託物・質物として，市場交換以前に，金属が，いわば共同体内部で選ばれていたと叙述するのである。質物として，金属は，特殊な財の地位を獲得していた。貨幣はその金属質物が流用されたものなのだと。時間の経過に耐えうる強固な使用価値は金属にしかない。

ところで，質を設定するのは，どういう事情か。ハリスは具体的に言ってはいないが，相手に服従の意思を表明するのに，自分の妻子を差し出し，もしも自分が契約を違反したら，その質物としての妻子を没収してよいと。このような日本の戦国大名たちの行動を見て類推すれば，供託や質は，いわば約束を担保する確証のための財，場合によっては人質，といってよかろう。人間ではなく，食糧でもなく，時間経過の後に，きちんと返済できる財は，金属ということになろうか。

これを贈与のビヘイビアの文脈で，解釈できないだろうか。試論的ではあるが，質に提供する行為も，相手に差し出す一種の贈与行為であり，一定時間の経過の後に返済を要求する特殊な贈与財である，と解釈できないであろうか[5]。

4　おわりに
——共同体内部の個人間における普遍的贈与手段としての貨幣——

マルクスは，先に検討したマルクス労働A命題において，共同体崩壊の開始という事態を市場経済の勃興と重ねた。しかし，市場経済が十分に発展して，市場での交換を円滑ならしめる流通手段としての貨幣という定義をする段になると，共同体の内部で流通する強制通用力を有する国家紙幣や，国家が造幣局で鋳造する，国家のシンボルが刻印された鋳貨を取り上げざるをえなかった。

共同体を排除した純粋資本主義社会を想定しながら，国家の発行する貨幣を原論に密輸入してきた，いわゆる宇野原論の方法も，同様に，自家撞着ないしアポリアに陥る。現代の理論の研究者はそこを手術しなければならない。

しかし，よく言えば，崩壊したはずの共同体が，理論上の設定においても，しぶとく生き残った部分がマルクス鋳貨論であったとも言えるのである。
　ただし，一面で，なぜマルクスが市場と共同体では，理論的な方法論において共存できない，と考えたのか，ということを現代の社会科学者は謎解きしなければなるまい。それは，私有財産否定の思想が事実認識を歪めた，としか言いようがない。共有イコール原始共同体という，マルクスに固有の，あるいは，マルクスと同時代の近代の社会思想家たちに共通する大前提が『資本論』の注でも，「自然発生的な共有の形態」(Marx 1867 - 94, I：92) として示されている。
　もちろん，共同体の財産のある部分は共通利用・共有意識のもとでの共有財産であるということまでを，否定するものではない。しかし，共同体の内部で交換は発生せず，共同体の外側で，私有財産とか，交換とかが発生するとはどういうことなのか。共同体しかない世界なのである。共同体の外側も，また別の共同体の内部になるのである。結論を提示すれば，共同体の内部にも，個人と個人との財を媒介にした関係が発生する[6]，ということに尽きる。商品経済がいくら発展しても国家なり家族なり，そのほかの種々の共同体は消滅するどころか，存在をし続けているではないか。共同体の内部では，共同体を確固たるものにならしめるために，租税として贈与要求されたり，家族構成員の間で，記念日だといって，たえず贈与の応酬，現代のポトラッチが頻繁に行なわれているではないか。貨幣の起源も，この共同体内贈与交換の脈絡で，理解される必要があろう。贈与がなされなければならないとき，共同体の固有の富ないし価値の象徴が普遍的贈与財として形成されるであろう[7]。内部では，皆に富のシンボルという共通認識があるので，受け取りは拒否されない。それが共同体の統合のシンボルとしての貨幣なのであり，共同体同士が接するときも，お互いの共通のシンボル形成の交渉が共通通貨創設にむけて，開始するのではなかろうか。貨幣とは人と人が接するときの共通のコミュニケーション・ツールなのである。

第7章　資本と共同体

1　はじめに
―― 社会における個人と集団 ――

経済人という概念の誤謬

　経済学では，人間を個人としての活動主体と想定して，それに経済人という名前を付与している。経済人というのは，アダム・スミスが『国富論』のなかで使用した人間概念であるが，人間の経済的なさまざまな活動を，自分という個人が自己の満足を最大にするために行なう行為として想定するものである。ここには，商品経済の全面的展開―商業社会の実現―中世からの共同体の全面的解体―個人としての人間の確立，という脈絡が隠されている。この理論的な想定は，これまでの経済理論を支えてきた屋台骨であった。しかし，この個人としての人間の想定は，共同体を形成する動物としての人間の意図的抹殺なくしてありえず，経済理論が現実の経済を説明できない欠陥の元凶ともなってしまうのである。

　現実から乖離した理論は，現実の説明をなしえない。もういちど，現実を観察し直すところから経済学を立て直さなければならないのである。

流通活動主体としての個人と集団

　このような問題意識をもって，商品経済活動の主体（人間）を，いま，仮に，経済人と呼ぶ代わりに，流通活動主体という概念を使って定義しよう。もっと簡単に，流通主体と定義してもよかろう。このように定義するとき，個人としての流通活動主体のほかにも，集団としての流通活動主体を理論上に想定しなければならない，という事態に立ち至る。個人と集団の両様で，人間は行為を実践するという現実が，そのような前提の根拠となる。たとえば，個人的活動の最たるものと思われる商品の売買の活動でさえ，広い視角で分析すれば，人間は共同行為として実践しているからである。

　具体的に，その共同行為は，市場の内部でも，共同体の内部でも，また共同体の全体としても，観察されうることがらなのであるが，理論の場合は，単に観察されるという説明では済まされない。市場行動を個人から出発するという，従来型理論に追随するとすれば，個人から集団行為へ至る論理的必然性が証明されなければならない。なぜ個人が集団をつくるのか，と。この論点は，ある意味では，私の今までの研究姿勢[1]であった。

　欲望に限って，考察すれば，欲望の認識が個人の単位でなされる，という論点により，冒頭の市場ビヘイビアの登場人物は，個人行動の主体というべきであろう。しかし，共同体の維持のために，市場に出かける，という個人行為の場合，交換の背後に，すでに，共同体が控えている，ないし，夫婦そろって，店舗を開く，というような共同行為としての交換ビヘイビアの想定をするのであれば，共同体として市場行動主体と，当初から，なっているという理論設定も可能かも知れない。理詰めで考えれば，個人なのか集団なのか，結論は出ない。

　しかしながら，宇野弘蔵が想定したように，商品所有者が個人である，というそれ自身で自明であるかのような結論を踏襲すれば，市場の分析は交換行為者としての個人を想定するのが妥当であろう。

　それはどういうことかというと，流通活動主体（交換活動主体）が個人としての金儲けビヘイビアを展開して，自己自身に帰属する利潤の追求を行なうとき，その場合の自己が，市場では個人，しかし，より展開された論理次元では，集団としての主体が観察される，ということになる。

流通における共同体の役割

　企業が経済的ビヘイビアの担い手であるという考え方は，人間のいわば本性に由来する現象である。しかし，単独行為もまた，市場であれ，共同体的ビヘイビアであれ，人間のいわば本性に由来するものである。贈与ビヘイビアによって，人間は，個人と個人の結びつきを体験する。スミスのいう，シンパシー（共感・共鳴）は，仲間であるという意識をもたらすものであり，それなくしては他人への興味もないであろう。シンパシーは，個人と個人のあいだの，贈与と反対贈与の連続を介して現象するが，そのようにして形成されるのは，二人以上の共同体なのである。三人からが社会で，二人の場合は個人集合などというのは，複雑な共同体が本来の共同体で，シンプルな共同体は共同体と呼ばない，というような愚論である。二人の場合も，個人と個人が共同認識を形成して，共感している以上，共同行為を取り得るし，その意味では，共同体なのである。

　家族の形成は，生存形態に依存するというよりも，世代の再生産を実現する家族という共同体に規定されたものであろう。家族共同体は，内部で贈与を繰り返し，外部に対しても，贈与を実践しようとする。市場の形成は，共同体形成を与件として，贈与ビヘイビアの延長で，説明されるのが，歴史的な観察の成果としての経済理論にふさわしいのではあるまいか。

　家族は，封建的主従関係により，擬似的家族共同体としての封建的主従共同体に派生してゆく。封建時代の以前にも，家族連合という共同体の上部構造が自然発生的に構築されたであろう。氏族共同体でもよいし，家族のような紐帯という国家共同体でもよい。企業活動の場合には，家族性がかなり希薄になった，営利追求目的の共同体ということになろう。本章では，流通と企業のあいだにどのような理論構築が可能か，また，先人は，どのように，理論的処理を施したか，これらの問題を確認することを課題としよう。自己の利益を最大にするビヘイビアと，自己集団の利潤追求を最大限に追求しようというビヘイビアのあいだには，急峻な渓谷が存在するが，架橋する理論的努力は惜しんではならない。なぜなら，会社は人間の集合体であるし，人間は個人としても，集団としても行為主体として実践するからである。

2　マルクスの見解の検討
　　──株式会社の社会性と私的所有の問題──

共同体という視点の欠如
　資本家の定義は，個人としての金儲けビヘイビアが展開されていれば，それは個人としての資本家だということである。利潤を追求して，経済活動を展開していれば，それは資本家として定義してよかろう。その利潤が集団の営為によってなされている場合は，集団としての資本家と言わなければならない。

　しかし，個人が集団を形成するという，いわば共同体的な人間集団を商品経済の原理のなかに移入しようという試みは，従来の理論の慣習では拒否されることが多かった。なぜならば，経済理論の前提に，共同体が想定されることは，基本的にはなかったからである。

　共同体に基礎を置く人間の行為が，万人のために個人が自己犠牲となるような，高尚な人間ビヘイビアであって，個人プレーが，利己主義のエゴイスティックなビヘイビアであるとする，近視眼的な理想社会論と絡まった議論は，個人プレーの集大成として資本主義社会を捉え，それをそれとして批判しようとする批判の観点を前提にすれば，そこからは当然，帰結するものであった。

　この見解は，「空想的社会主義」に限らず，「科学的社会主義」にも広く読み取られる。

相対的な社会理論からの生き方の選択
　しかし，個人主義的な利益の追求を，その当時の資本主義の苛酷な実態の本質と捉え，かつ弾劾したことは，安易に批判を許さないものがある。本質の理解は，時代を背景として決まり，観察の在り様によっても決まる。むしろ，資本主義の苛酷さは，戦争の過酷さとダブらされることによって，糾弾の矛先が必要であった。

　私の社会理論は，資本主義も社会主義の社会も，相対的な理念的な存在で

あった，とするものである。その意味で，絶対的な批判なり，糾弾の基準が欠落するのは，よく自覚している。むしろ，非難や糾弾をしないというのがイデオロギーといえばイデオロギーであって，自分としては，価値観を除外した分析理論だと自負している。ただ，人間の生き方として，奪い合いゲームや戦争を実践するよりは，与え合う共同体的実践のほうが，あるいは市場ビヘイビア的実践のほうが，より理性的だという信念は確固として堅持している。

　ゲームが嵩じれば，ルール無用の戦争になる。戦争にもルールがあったようだが，ルールは如何様にも解釈される。市場のルールの根本は，相互の連帯と共感である。そのときには，盗みと暴力は排除された交換ルールが確立する。企業も，理念としては，市場の主体である。

　オランダ東インドカンパニーは，しかし，武装せる企業，国家としての企業であった。オランダに限らず，イギリスも，フランスも，スペインも，ポルトガルも，交換を表看板にして，交易を拒めば，戦争をしかけるという軍事的な共同体でもあった。暴力の性質は，暴力が存在するから，自分の暴力が正当化される，という論理の無限連鎖をもたらすところに存する。しかし，贈与もまた，愛の無限連鎖を形成しうるものであるし，どちらが人類にとって，より幸福をもたらすか，の一点で生き方が選択されなければならないであろう。

マルクスが見逃した論点

　『資本論』第3巻の第5篇「利子生み資本」の第27章「資本主義的生産における信用の役割」で，周知のようにマルクスは，株式会社を草稿段階の考察であるが，次のように取り上げている。

> 「株式会社の形成。これによって」，「生産規模の非常な拡張が行なわれ，そして個人資本には不可能だった企業が現われた。同時に，従来は政府企業だったこのような企業が会社企業になる」。「それ自体として社会的生産様式の上に立っていて生産手段や労働力の社会的集積を前提している資本が，ここでは直接に，個人資本に対立する社会資本（直接に結合

した諸個人の資本）の形態をとっており，このような資本の企業は個人企業に対立する社会企業として現われる。それは，資本主義的生産様式そのものの限界のなかでの，私的所有としての資本の廃止である。
(Marx 1867 - 94 = 1968 第3巻：557)

　ここに叙述されているマルクスの資本主義理解は，個人資本のみが資本主義社会にとっての構成母体であり，私的所有とは個人が個人の生産手段を所有すること，という原則の確認なのである。集団所有が私的所有とは異なることはいうまでもない。このことをもって，マルクスの揚げ足取りをするつもりはない。集団の論理を資本主義の原理と矛盾なく理論化しようという発想が，この原稿を書いているときのマルクスに浮かばなかっただけなのである。しかし，当時のマルクスにとっては，株式会社は，資本主義的生産様式の限界を超克する新しい社会的所有のカテゴリーのひとつと把握された，ということは事実であろう。それはスミスが，経済人という個人的活動主体を基礎に経済学の土俵をつくったことに由来するのであって，基本的には，集団形成が経済理論の内的論理として，現在まで成功していない以上，マルクスの汚点はわれわれ経済学の継承者の汚点なのである。
　集団主体の理論が成功していないのだから，集団ではなくて，内部労働市場の理論が新制度学派から提唱されたりする。共同体に由来して市場が成立するのであるから，内部労働市場という概念は，全否定されるべきものでは，必ずしもない。しかし，企業が共同体であるという命題を証明するほうが先決なのである。資本主義にも共同体が存在するという発見をすることが先決なのである。マルクスの欠点はマルクスの継承者が努力して乗り越えなければならない。

競争の観点の欠落
　次にマルクスは，資本 - 利潤の概念連鎖なのか，資本 - 利子の概念連鎖なのかの理論的考察に転じる。所有と経営の分離のマルクスなりの考察なのだが，原文に戻ろう。

現実に機能している資本家が他人の資本の単なる支配人，管理人に転化し，資本所有者は単なる所有者，単なる貨幣資本家に転化するということ。彼らの受ける配当が利子と企業者利得とを，すなわち総利潤を含んでいる場合でも（というのは，支配人の俸給は一種の技能労働の単なる労賃であるか，またはそうであるはずのものであって，この労働の価格は他のどの労働の価格とも同じに労働市場で調節されるのだから），この総利潤は，ただ利子の形態でのみ，すなわち資本所有の単なる報酬としてのみ，受け取られるのであって，この資本所有が今や現実の再生産過程での機能から分離されることは，支配人の一身に属するこの機能が資本所有から分離されるのとまったく同様である。(Marx 1867‐94 ＝ 1968 第3巻：557‐558)

　マルクスにあっては，資本の定義は，価値の姿態変換・増殖運動体である。資本家が資本を個人で全所有していれば，増殖の成果としての利潤はすべて資本家個人に帰着する。所有の成果といってもよいし，資本家としての活動成果といってもよい。両者は不分明に一緒にされた概念である。資本の増殖運動の管理人は，マルクスにとっては資本家なのだから，管理人としての労賃部分と，所有に基づく成果としての利子部分が含まれていることになる。
　株式会社になるとどうなるか。機能資本家と所有資本家の両極分解が発生するというのが，ここでのマルクスの理論である。活動主体は，熟練した技能労働の提供者，すなわち経営活動を請け負った労働者だと想定される。労働者であるから，資本家に雇用され，最低賃銀の法則が作用するのであろう。雇われ経営者の労働市場が形成されるという。資本家が本来，実践すべき資本家的活動は，単純労働なのであろうか，熟練労働なのであろうか。マルクスにとっては，後者である。しかしながら，本来，熟練というのは，熟練に達するまでの見習い期間が長期である単純労働に過ぎない。だれが実践しても同じ結果がもたらされるのであれば，資本家はそれを自分の雇い人に代行させることが可能となる。
　しかし，そうであろうか。不確定で不均質で，変動著しい流通市場では，何が実践されるか，どのように生産組織が構築されるか，技術の開発をどう

するか,どのように販売するか,等々,資本家個人としての決断と手腕が成果を左右するのではあるまいか。

　仮に,価値増殖体としての資本が,すべての資本にわたって,一様な増殖率しか実現しないのであれば,資本家は,遊んで暮らして,執事を雇うか,自分であくせくして,経営活動に奔走するか,結果は同一ということになろう。遊んでいる分は,時間賃銀で資本の管理人に給与を支払いさえすればよい。あくせくする分が労賃部分で,所有の成果部分が利子部分となる,ということになろう。それはそれで,明確な資本主義の原理であるといえよう。

　だが,これでは,競争の観点が欠落する。資本家同士で,利潤率の極大をめぐって,生存競争を繰り広げているのである。見込みに失敗した資本家は,市場から,負け組の烙印をおされて,ゲーマーとしては,退場しなければならない。そうであれば,資本の管理人に経営を委託して,自分は利子分の配当収入で満足するという資本家の実像は想定不可能ということになる。もう少し,競争論的観点から,マルクスの利子生み資本論を解体しなければ,前進できない地平に,現代のマルクス理論学派は追い込まれているのではないだろうか。

社会主義の像

　次の理論的な検討は,株式会社が,資本主義から社会主義への「通過点」という考えがどのような脈絡で生まれてきたかの検証である。

　マルクスは次のように言う。

> これ［株式会社制度——引用者］は,資本主義的生産様式そのもののなかでの資本主義的生産様式の廃止であり,したがってまた自分自身を解消する矛盾であって,この矛盾は,一見して明らかに,新たな生産形態への単なる過渡点として現われるのである。このような矛盾として,それはまた現象にも現われる。それはいくつかの部面では独占を出現させ,したがってまた国家の干渉を呼び起こす。それは,新しい金融貴族を再生産し,企画屋や発起人や名目だけの役員の姿をとった新しい種類の寄生虫を再生産し,会社の創立や株式発行や株式取引についての思惑と詐欺

との全制度を再生産する。それは，私的所有による制御のない私的生産である。(Marx 1867‐94 = 1968 第3巻：559)

マルクスは，個人の経営者は，個人の生産手段を自らが所有することで，資本家という資格を獲得し，資本の人格化として，資本の増殖運動の命ずるままに，資本家として利潤追求活動を実践する，そのような社会を資本主義的な生産様式の支配的な社会，ようするに資本主義社会と定義してきた。それにたいして，社会主義の理想社会とは，その社会原理を反転させた社会であると考えてきた。

まず，それは個人主義の社会ではない。端的に言えば，集団主義の社会である。集団主義こそ社会主義の社会原理である，と。生産手段を所有するのは，資本主義では個人であるが，社会主義では集団である。人間は集団に属しているから，個人が個人を搾取するという構図は成立のしようがない。

第一の誤謬

ここまでのマルクスの理論的誤謬とおぼしきは，私が主張してきた，資本に人格の仮面を被せたような資本家の理解からして根本的に誤っているという論点が第一である（松尾 1999）。資本は人間が金儲けビヘイビアを展開するときの手段総体の概念であるべきだというのが，私の理論であるが，ここでは，詳細は繰り返さない。この誤謬の論点は，社会主義のトリックを成立させるには，非常に都合がよい。資本主義では，資本家は資本の奴隷で疎外されており，賃銀労働者は，資本家の奴隷で，搾取され，かつ疎外されている。このような認識の構図をもたらす。資本家が資本に支配されている構図を廃止すればよい。社会主義はだから可能なのだ，と。

資本を資本たらしめているのは，私的な所有の社会制度である。私的というのは，個人的な，と換言できる。資本主義は個人が個人の財産，とりわけ，生産手段としての資本を所有することで成立する社会である。

第二の誤謬

マルクスの誤謬の第二は，資本主義の時代のごく初期から一貫して，資本

を持ち寄り，自分たちの活動能力を持ち寄り，共有の結合資本を形成し，集団所有のもとで，商人的な利潤追求ビヘイビアを実践するということが日常的な行為として，あり続けたという事実を黙視したという点である。株式企業の形成が投機を助長するという理由で，イギリスでは，一時期，株式会社の設立は，厳格な規制を受けたこともあった。それは国家が，健全性論理を持ち出し，会社をつくることを一時的に規制したというだけで，集団出資制度は消滅したわけではなかったのである。したがって，資本主義の所有制度が個人的・私的所有制度であると原理的に決めつける事実の背景は存在していなかったのである。利潤追求行動は，個人でもよいし，個人の集団としての，協業・分業を内包するヒエラルキー的共同体としての会社でもよい。

マルクスは，あまりにも個人に拘り過ぎた。これは，当然，マルクスの誤謬であるが，責任はマルクスにはない。当時の経済学の理論の水準が，アダム・スミスの経済人という個人を活動単位として措定する方法論を与件としていた以上，個人主義の社会として資本主義を想定するということは，19世紀の社会科学者が共通に行なっていたことなのであった。

資本家的ビヘイビアを観察してみるがよい。たとえば，八百屋のご主人が店頭に立って商品を販売している。しかし，ご主人という概念で，そのご主人は，自分の所属する，家族共同体の家長であることを内包しているのであって，単独で商行為を展開しているわけではないことは明白であろう。奥さんの協力もあろうし，アルバイトの店員の協力もあろう。子どもたちや親類縁者の協力もあろう。みなが協力して，一致して利潤追求ビヘイビアの共同担い手となって活動している。マルクスもそのような実態をロンドンで目にしなかったわけはなかろう。ただ，経済学の理論の対象として，本気で観察しなかっただけである。

これが誤謬と思しき論点の第二である。したがって，私的所有や集団の有無をメルクマールにして，資本主義の社会の矛盾を結論付けて，通過点だという必要もないのである。

第三の誤謬

論点の三番目は，株式会社が説ければ，独占が必然化するという理論的な

誤謬である。

　マルクスは巨大な固定資本に仰天した。とても個人では所有しきれない規模の資本である。それはそれでよい。しかし，株式の制度を採用した資本家の結合共同体は，資本を持ち寄り，自分の経営能力・ビヘイビアの可能性を持ち寄った共同体の形成なのであって，その資本規模が巨大なり大規模なり，表現はどうでもよいが，個人資本の規模を凌ぐことは言うまでもない。厳密に言えば，オランダ東インド会社の例のように，個人が自分の資産の一部ずつを持ち寄って会社をつくる場合が多くあり，その結果としての会社が，自分の資本規模より小さいという場合も存在しうる。リスクの分散として会社的な結合が採用されれば，その資本規模は，自分の全財産よりも小さいこともありうるのである。

　それはともかく，いくつかの部面という限定つきながら，株式会社イコール独占資本の形成という図式を経済理論の一部に定着させたマルクスの罪は深い。独占というのは，市場での他者排除の完成形態なのであって，それは，市場に原油を供給する売り手が，ある石油生産会社一社になってしまうことを意味する。しかし，これは，特許制度のような市場の社会制度は，国家などの市場外からの介入がなければ成立しないことである。国王が，アフリカとの交易の独占的権利をアフリカ会社に付与する，その見返りに，アフリカ会社は毎年，膨大な独占税を国王に支払う，というような場合が想定可能である。しかし，別の国王がいて，別のアフリカ会社に独占権を与えれば，それは独占ではなくなり，自分の独占権を武力で守る，という戦争的なビヘイビアを展開してしまう。戦争は共同体の行動原理のひとつである。市場の理論としての独占と株式会社の結合は，因果の関係にはないというべきである。これが，独占を導入したマルクスの誤謬の第三である。

人類社会に普遍の商業経済

　さらに社会の原理を生産の原理として理解しよう，というのが，マルクスの方法であるが，商品経済は流通主体による自由な交換活動によって成立する経済なのであるから，生産形態を社会形態として強調し過ぎることは，やはり行き過ぎであろう。そして，あらゆる社会に流通主体は存在し，したがっ

て，程度の差異はともかく，商品経済は人類社会に遍く存在したという事実に注目しなければならない。

では，石器時代に商品経済は存在したのか。この問いに，そうだということは憚られるが，少なくとも，財の交換活動は存在していたようである。石器時代を見るわけにはいかない。しかし，地球上には，生活様式を守り続けた多数の少数部族が，過去の慣習を踏襲して生存しているのである。そこには，経済理論の豊富化を目標とする，流通分野の学際的な研究の余地が，とりわけ人類学や社会学を包摂する余地が，存在しうるであろう。

3　マルクスの見解の検討
―― 協同組合の新しい社会に対する可能性 ――

株式会社は社会主義的か
協同組合の可能性について，マルクスは，次のように言及する。

> 労働者たち自身の協同組合工場は，古い形態のなかでではあるが，古い形態の最初の突破である。といっても，もちろん，それはどこでもその現実の組織では既存の制度のあらゆる欠陥を再生産しているし，また再生産せざるをえないのであるが。しかし，資本と労働との対立はこの協同組合工場のなかでは廃止されている。たとえ，はじめは，ただ，労働者たちが組合としては自分たち自身の資本家だという形，すなわち生産手段を自分たち自身の労働の価値増殖のための手段として用いるという形によってでしかないとはいえ。／このような工場が示しているのは，物質的生産力とそれに対応する社会的生産形態とのある発展段階では，どのように自然的に一つの生産様式から新たな生産様式が発展し形成されてくるかということである。資本主義的生産様式から生まれる工場制度がなければ協同組合工場は発展できなかったであろうし，また同じ生産様式から生まれる信用制度がなくてもやはり発展できなかったであろう。信用制度は，資本主義的個人企業がだんだん資本主義的株式会社に転化して行くための主要な基礎をなしているのであるが，それはまた，

多かれ少なかれ国民的な規模で協同組合企業がだんだん拡張されて行くための手段をも提供するのである。資本主義的株式企業も，協同組合工場と同じに，資本主義的生産様式から結合生産様式への過渡形態とみなしてよいのであって，ただ，一方では対立が消極的に，他方では積極的に廃止されているだけである。(Marx 1867 - 94 = 1968 第 3 巻：561 - 562)

マルクスは，周知のように，社会主義とは何か，それは社会主義的生産様式が行なわれている社会である，同様に，資本主義と何か，それは資本主義的生産様式が行なわれている社会である，という社会的生産様式に着目した社会体制理論を創出している。

またマルクスは，周知のように，社会主義的な生産様式とは何か，それは，自由なる諸個人の結合した生産様式である，と結論的に示している。これを逆説的に表現すれば，資本主義的生産様式とは何か，それは，資本家という個人が私的な富を私有し，賃銀で雇い入れた労働者たちを支配し搾取するという生産様式である，というように定義づけられる。

株式会社の形態は，資本家が存在する企業形態である。その意味では資本主義的な企業である。しかしながら，株式会社の形態は，広範な社会的資本が結合した企業形態である。その意味では，社会主義の結合生産様式を実現する企業形態である。

中国が市場経済に依存する改革開放路線を採ったときに，それは社会主義路線を放棄し，資本主義の復活をめざす体制変換になるのではないかという批判が持ち上がった。その批判は，実際の経済のあり方では，各主要企業を中国共産党組織が統制するという点を除けば，資本主義社会と何ら変わるところはない，という意味で正鵠を射ている。けだし，利潤追求が経済の行動原理になったのであるから。しかし，周知のように，中国は，それでも社会体制は資本主義ではなく社会主義であると言い張った。その理論的根拠は，会社制度は，社会主義的集団所有制度そのものである，というものであった。

マルクスが論じているこの箇所がまさにそれに相当する。個人で所有するか，企業という集団で所有するかという基準で社会体制を論じたら，株式会社の制度は社会主義的な制度ということになる。しかし，利潤を追求する，

資本家としての経営主体は厳然として存在する。その点は，資本の運動としての価値増殖が資本家によって実現されるのであるから，まさに純粋な資本主義的企業ということになる。

協同組合の組織形態で工場が運営されたら，事態はますます複雑な理論的様相を帯びる。資本家が所有しているのではなくて，そこで働く労働者が出資し，自分たちの工場を自主営業しているのである。資本主義を突破する最初の形態が，このような協同組合工場だと，マルクスは手放しで称賛している。資本と労働の対立はない。このようにマルクスは言う。

協同組合と株式会社の相違点

本当だろうか。株式会社の企業は，自分たちで出資し，経営の実際は，自分たちの代表者である経営主体に委任して，委任を継続するかどうかは，株主総会という会議の場で決着する。本来の株式会社は，金も出すが，主体的な活動でも協同して能力を提供する，まさしく協同組合的な企業形態であった。一緒に事業をやろう，これがカンパニー（ラテン語で仲間を意味する）というものだったのである。原型は，人間の結合と資本の結合なのである。

協同組合と株式会社の組織運営の違いは，理念からして，基本なり出発点に大きな相違点はないのである。ただ，株式の場合は，株式が証券であり，流通市場が完備されてゆくにしたがい，株主にとっての自分の会社だという，参加意識が希薄になる。会社が好調なときに，会社で共同経営者として頑張るのではなく，株券を高値で売却して，その会社から縁を切ろう，という選択をするビヘイビアが自然発生的に生まれるのである。株券の取引価格が上昇するか，はたまた下落するか，という賭けゲームが発生して，その賭けゲームに熱中する間は，その会社への帰属意識が希薄化するのである。そのような状況でも，株を買い占める人が出現すると，彼は自分の会社をどうすべきかと思案を始める。しかし，会社のメンバーたちは，株主から委託された資本をいかに効率よく運営して利潤をあげるか，という市場ゲームに熱中することになる。

そのうちに，株主から委託された資本といっても，その株主が会社への帰属意識を希薄化すれば，口出ししなくなるわけであり，いつのまにか，だれ

の資本であるという所有者特定の意識が喪失してしまい,自分たちが自由処分できるのであるから,自分たちの資本であるという新たなる次元の所有意識を形成してしまう。行為が所有という意識をもたらす,というのは,人間の行動を基礎に人間の観念が形成される,という真理を明確にしたもので,かつて,私が解明したテーマであるが(松尾1987),したがって,会社の財産は会社員の総体が共同所有するという意識が芽生える,という論点を問題提起した。ただし,ものごとの一方しか観察していなかった。

観念に従う行動

　人間の観念が人間の行為の原動力になる,という側面が資本主義の経済ルールを形成するのである。所有というのは,人間にもあり,動物にもある,自分のモノという固有の観念である。犬であっても,与えられたか,自分で自然から獲得したかはともかく,使い続けると,自分の排他的な使用が他者にも認識され,自分も,自分のモノという認識が形成される。行為が意識を形成する,ということを拙著では強調した。ところが,自分のモノという意識は,交換によっても,贈与によっても,少なからず形成される。たとえば,ある株式会社の株式を貨幣と交換に過半数入手した。株券は自分のモノである。それは,贈与されても,他者のモノが自分の手元に流れてきた,という意識とともに,自分のモノという帰属意識・所有意識が生まれる。

　買ったのだから,それは自分のモノである。これは,かつて,宇野弘蔵が強調した論点である。売買が所有意識をもたらす。ところで,株券を購入した買い手は,株価の変動に自分の貨幣を賭けたのではない,会社の経営主体としての地位を得られるか否かに賭けたのだ,というゲームの次元が異なってくる場合が往々にして発生する。

　たとえば,その会社は自分のモノだ,という意識が発生するのはなぜか。同時にまた,その対極においては,その会社の旧来からの経営主体が,この会社は自分たちのモノだ,よそ者には渡さない,という意識を強く抱くのはなぜか。

　その答えは,組織原則としての資本主義原理に存する。資本主義の原理とは,ここでは,人間の利潤追求行動原理のことである,と定義しよう。私の

永年の理論的主張は，社会を資本主義の社会とか，社会主義の社会とか想定なり定義するには相当の無理がある，ということであって，原理としての資本主義的な行動原理を否定しようというものではない。その資本主義的な原理は，人間のある特定の制度化された行動様式のことであり，行動様式は社会的なルールなり規範なりに縛られている。その規範が，株式会社の場合は，株主総会の組織運営ルールを含んでいるのであり，協同組合の場合は，協同組合の運営ルールを基礎にしているのである。株数の多数決か，構成員の多数決かが決定的な組織原則の相違点になる。また，参加意識なり，実際の参加行動なりの相違点もある。株主は，投資した会社に参加意識をもっていない。通常は，証券取引所のざら場（現在ではパソコン画面）に参加意識をもっている。いつも相場を見つめ，売買行為に参加しているのである。けれども，協同組合は，株式が上場されているわけでないので，自分が利用する，自分たちが協同作業する，というところが参加意識の原点である。自分が協同組合の経営主体になって利潤率を極大化しようという意識は，ふたつの意味で，登場して来ない。まず，株式がないのであるから，組織内部の多数派工作しか手段はない。多数派が共同体の主導権を握る，というのは，欲望充足としての経済のルールではなくて共同体の政治のルールである。強いものがリーダーになる。その延長で，多数の支持を獲得すればリーダーになる，という共同体運営のひとつのルール化にすぎない。したがって，会社組織，とりわけ株式会社と協同組合とは，内部組織原理がちがう，それぞれ別個の内部原理を有する企業共同体の二類型なのである。では次に，協同組合は，利潤を追い求める組織か，それとも，利潤追求によらないで構成員の幸福最大を追求する組織か，という問題が企業共同体理論の重要課題となる。

欠陥の再生産とは何か

マルクスは，「既存の制度のあらゆる欠陥を再生産している」（Marx 1867-94 = 1968 第3巻：561）とも言う。これの意味するところは，これ以上は解明できない。しかし，推測するのも学問の方法であるから，可能な限りで合理的な推測をしてみなければならないだろう。

考えられることは，市場の行動主体として売買を継続しているのであるか

ら，利潤が出たり，損失を出したり，という事態は，避けては通れない，ということである。利潤を出す組合が欠損を出す組合よりも，健全な経営をしている組合ということになろう。そうだとすると，株式会社がいい商品を生産し，いい企業イメージを創出し，多額の利潤をあげて，評判を高めようとするのと同じ行動原理が出てくる。つまり，普遍的な組織原理が，組織としての高い評判なり名誉の獲得にあるのだとしたら，利潤がその重要なファクターとなるかもしれないし，株式会社と近似してゆく，ということが現実化するかも知れない。これを欠陥とよぶか，共通する人間組織の本質というかは，また価値判断が介入する問題でもあるが，本質とは何か，というきわめてアカデミックな問題でもある。

　次に，組織原理の内部構成の共通性である。人間が集団で行動する場合，少なからず，指導者とその指示を受け取る多数の下部構成員に分化する。マルクスは，生産現場では，労働者の情況が悲惨であるから，資本主義を否定して，べつの生産様式を追求しなければならないと考えた。そのマルクスが協同組合の工場も資本家の工場も同じ欠陥を抱いていたと考えたとすれば，利潤が出る水準で工業をやろうとすれば，同じ技術・同じ労働条件にならざるをえない，ということに気づいたと推測するしかない。

株式会社における労働状況の改善

　集団の内部での，ヒエラルキーの存在は共通する事実である。さらに，作業の内容の過酷さも共通する事実である。ただ，作業環境の衛生的な条件や労働者の参加意識によっては，大きな相違が発生するだろう。しかし，協同組合で実現しえたこれらのことは，後を追うようにして，株式会社でも採用されるのである。

　資本主義の行動原理で工場を運営すれば，賃銀を安く抑えよう，労働環境は劣悪でもよい，そうしなければ利潤は実現しない，ということになろう。ところが，自分たちが労働者であり，そして資本家でもあるという協同組合工場では，少なくとも自分たちの生存に関わるような労働環境や最低賃銀の問題は解決するだろう。それで資本主義的市場での生き残り競争に勝ち得たのかどうかは分からない。おそらく，遅かれ早かれ，経営不振で淘汰された

であろう。しかし，それよりも本質的なことは，資本家が，株式会社を経営する場合でも，資本主義的原理のほかに，社会の原理，共同体の原理を導入し始めたということである。つまり，マルクスが見た19世紀のイギリスの紡績工場の労働者の悲惨な情況は，早晩，改善されるのである。社会主義にならなければ改善されないであろうとマルクスが考えた，人間社会における非人間的な情況は，資本主義のままで十全に改善されることになる。これを過大評価はできないが，資本主義の利潤原理ではないある要素が，この社会に埋め込まれてい続けたことだけは，どうも事実であるようなのである。

4　おわりに
—— 人間の行動と企業共同体 ——

家族の一員としての流通主体

人間をもっとも簡潔に想定し，利潤を最大にしようとしている個人と，資本を所有せず，労働する能力を他人に贈与（売り渡す）する個人の二類型のみに限定して，経済の世界を再構築してみせることが，従来型の理論の特徴であった。資本家が労働者を雇用するにしても，労働市場での商取引という把握がなされてきた。

この理論的な枠組みに対して，資本家の家族，労働者の家族，という家族の一員としての流通主体という新たな枠組みが提唱されつつある。経済学の内部に家族の問題を取り入れようという試みは，さまざまな角度から試みられつつあるが，原論の体系では，失業者が生存する基礎に，家族が存在するという論点として，山口重克は，次のように指摘する。

> 資本蓄積の原理的な展開には，純粋資本主義社会の内部に失業者が存在していることが想定されなければならないわけである。その場合，これらの失業者はこの社会でどのようにして生活の糧を得ているのかという問題があるが，これは家族によって扶養されると考えておいてよいであろう。現実の資本主義社会には資本主義的生産の外囲として非資本主義

的小生産が存在しているので，労働者は資本から排出されてもその外囲で労働したり，そこに寄食したりすることができる。これにたいして純粋資本主義というのは，資本が生産を全面的に担当していると想定している社会であるから，そのような小生産は存在しない。しかし，純粋資本主義というのは生産の態様についての規定であって，人間生活全般についての規定ではないのであるから，純粋資本主義社会にも家族は存在する。（山口 1985：165）

　ここでは，純粋資本主義は生産のあり方ないし態様に関する想定であって，社会全体の想定ではないのであるから，純粋資本主義社会に家族を想定することに方法論的矛盾はない，と断られている。むしろ，家族を想定しなければ，失業者を想定することが不可能で，失業者を想定することが不可能であれば，資本蓄積の景気循環構造を想定することが不可能，という関係にある。
　まさしくそうなのである。人間が家族を喪失していては，人間は社会を維持できない。純粋な資本の原理では，人間は存在すら不可能なのである。したがって，純粋な資本主義の社会という社会は存在しようがない。純粋な資本主義は存在しうる。それは，人間の行動様式の一側面としての，利潤追求ビヘイビアを，純粋な資本主義の行動原理による行動，と言い換えることができるからである。しかし，人間は，利潤追求ビヘイビアのみによって生きていける存在ではない。レストランで食事をするにしても，自分が自分のために食べるという行為を競争的な賭けゲーム的に処理できない。貨幣の贈与を前提して，料理とサービスの贈与を要求する贈与交換コミュニケーションの原理，一種の共同体構築の原理，顔なじみになるという共同体の希薄な関係構築のレベルでの人間行為としてしか実践できない。そこは資本主義の世界ではなくて，市場での交換ビヘイビアの世界なのである。念のために言えば，食べる行為は個体の生理的活動であろう。

共同体としての企業

　企業というのも，家族のような人間の集合概念のひとつである。個人で商人資本家として活動を開始すると仮定しよう。商人は，安く買って高く売る

という市場の不均質な本質を利用して，商品を運送したり，情報を収集したり，情報を流布したり，対人活動をしたりして，多くの行動を継続してゆかねばならない。そして，第一義的に，得られた利潤は自分の家族の生計維持に使用される運命にある。

　そうだとすれば，商人の活動は，商人個人の活動ではなく，商人家族全体の活動という本質を出発点から兼ね備えているのである。その商人家族全体が，経済人としての流通主体として活動するのである。それは一種のヒエラルキーを備えた企業としての利潤追求型共同体であると規定してよい。共同体の長が家長であり，店長（経営主体）でもある。

　資本を共同出資するという近代的な会社形態は，家族共同体から絶縁した共同体を，企業利潤の追求のためという共同事業に限って，共同体として実行しようという限定目的で形成されたものである。家に帰れば家族がある。しかし，家から離れて，企業は形成される。知り合い同士が資本を持ち寄り，自分の活動能力を持ち寄るのである。

　ところが，同一企業に社長は二人も三人も必要ない。非常に仲がよい兄弟などの場合は，お互いに譲歩する人間関係を，別次元の世界において，構築しているのであるから，共同経営主体を複数で実現できるという場合もあり得る。しかしながら，家族などの共同体でヒエラルキーの構築を共存的に担保できない場合は，資本家のリーダーシップをめぐる関係は，共同出資者のあいだで，指導権をめぐる競争・闘争の関係をもたらし，敗退した出資者は，資本だけを残して，自分の活動の場を，株式会社の外側に求めるか，もしくは，出資の証明証券である株券を誰かに売却して，資本金の事実上の引き上げと，自分自身の活動の引き上げを模索するかのどちらかとなる。

　株式会社の場合は，リーダーを目指す人間競争という共同体内闘争の結果として，序列が形成されることは別に，共同体の外側から，自分の会社という所有意識の発生を制度的に担保している。すなわち，発行株式の過半数所有で株主総会という組織上の意思決定機関の結論を左右できるという統治と支配の制度を内在化せしめているわけであり，所有の観念が先行して形成されることで，経営主体の交代という共通ルールが確立される。しかし，これとて，自分の勝ち取った経営主体の地位を，進んでルールに従い，放棄する

といういさぎよい経営主体は，そうざらにはいないわけで，経営乗っ取り防止のさまざまな制度もまた，法律上の制度として，容認されるようになる。そこにはまた別の人間の序列や支配をめぐる競争が発生する。

　このような現象までを包括して，行動論的なアプローチによる，人間ビヘイビアの分析視角からの理論の考察と構築は，共同体と個人の関係をより精緻に詰める作業を基礎にして，今後の研究課題にしてゆかねばならないだろう。

注

■第1章
(1) 資本主義という概念をめぐっては，多くの論点が存在し，活発な論争が展開されている。たとえば，今村（1986）では，資本主義を如何にして乗り越えるかという問題が設定され，マルクス学派の基本的な姿勢が示されている。従来の資本主義概念を，歴史的な特殊性において強調しようとしているところが特徴であるが，さらに，贈与と商品交換の関係に，限定的であるが，興味ある論点を提示している。すなわち，「欲望の対象物が売買されることなく人々の間に配分され消費に供されているような社会（つまり非商品経済社会）は，人類史上多様に存在してきたのである。人類史上，最初に資本主義社会が成立した西ヨーロッパに限ってみても，農村内部で商品経済が発達し始めたのはたかだか11世紀後半以降のことでしかなく，それ以前の中世農村社会においては，贈与慣行によって人々の日常関係が取り結ばれていた。従って商品交換は贈与から移行したものと思われる」（今村編 1986：15），と述べられている。しかし，続けて叙述されている内容は，贈与について，かなり限定して，「そうした［共同体相互のあいだの――引用者］交易は共同体間贈与との連続性においてしか遂行されえず，両者の区別も困難であり，……」（今村編 1986：15）とされて，農村共同体の内部に見られた贈与という観点は，自然発生的な共同体なり，原始共産社会的な共同体の内部には，贈与はなく，あるのは共同体間贈与だとされる。ここの説明は，マルクス学派のなかでは，新鮮な問題提起をされるわりには，歯切れの悪いところであり，どのような共同体の内部であれ，贈与は存在すると理解すべきではなかろうか。
(2) 資本主義という言葉は，どのようにして誕生したのであろうか。この「資本主義」概念の社会科学の世界への登場を，文献考証・歴史的事実の探求という精神で，丹念に検証した貴重な業績が，重田澄男の労作『資本主義を見つけたのは誰か』である。この，「資本主義」という用語が定着する1850年前後には，重田が指摘するように，「この時期には，そのような近代社会の現実的諸事態にたいする批判的な思想としての社会主義的思想がすでにさまざまなかたちで広まってきている。フランスでは，未来の産業社会としての生産者の"協同社会"を構想したサン・シモンの『産業体制について』（1821年）や，フーリエの『家庭的農業的協同社会論』（1822年）が，そして，イギリスでは，失業問題の根本的解決のために共産主義的協同体の建設を提案したロバート・オーエンの『ラナーク州への報告』（1821年）などの社会主義的主張をもりこんだ諸文献が出版されており，さらにいえば，

「社会主義」(socialism, socialisme) という用語も 1830 年代にはすでに登場していたのである」(重田 2002：26)，と紹介されている。資本主義という概念は，その批判的止揚の含蓄による理想社会論としての社会主義と組み合わされて，対概念として，人びとの議論の対象となっていったわけである。マルクスが，科学として，資本主義の社会を分析する業績を行なう背景には，劣悪な社会状況への批判という時代背景的思想の高揚が存在したのである。

(3) 佐和隆光は，『資本主義の再定義』を著し，マルクス経済学の科学性への批判に対して，次のように反論している。「以来およそ半世紀近くにわたり，マルクス経済学は「非科学」という不名誉なレッテルを貼られたまま，今日に至っている。この点について私自身は，次のように考える。科学なのか非科学なのかは，社会研究の意味と意義の決め手とはならない。社会研究の意義の決め手となるのは，その迫真性と論理的な説得力である」(佐和 1995：19)，と。しかし，この説得力を実際にマルクス経済学が維持しているのかという点，きわめて重要なポイントについては，この書物の著者である佐和は，自信と動揺の両面を有しているのである。まず，自信の側面から確認しよう。佐和は，「たとえば数学的方法を駆使して新古典派経済学者の導く命題が現実のデータにより反証された場合，その責めを負うのは，前提として設けられた仮説の体系であって，数学的方法ではない。同じように，マルクスの予測が裏切られたからといって，歴史主義的方法がその責めを負ういわれはない。／目下の主流派経済学である新古典派経済学が，歴史を完全に捨象し，政治と経済を結ぶ地下茎を断ち切ってきたからこそ，なおさらのこと，歴史主義的経済学と政治経済学を蘇生させ，ピースミール・エンジニアリングとしての新古典派経済学との緊張感に富む鼎立をかなえることが，私たちの経済現象への洞察を深めるためには，必要にして不可欠なのである。もし読者が新古典派経済学に飽き足らなさを感じておられるとするならば，そのゆえんは，歴史と政治を捨象して純化された無味乾燥さのゆえのことではないだろうか」(佐和 1995：22)，と述べる。

ここには，マルクス経済学の存在理由が，経済現象への洞察力において，歴史主義的方法ゆえに，優越しているのだという，自信の程が示されている。また，社会主義の現実の試みが崩壊していることは，マルクス経済学の危機ではないかという，理論と実践の問題に関しても，自信に溢れている。すなわち，「社会主義の崩壊が，マルクス経済学の破産を意味するかのようにいう，新古典派経済学者の言説の当否についてである。くりかえし述べたように，「科学」としてのマルクス経済学がめざしたのは，「資本主義経済の歴史的運動法則の解明」という地道な作業であった。マルクスの指摘した資本主義経済の内在的「矛盾」が虚構にすぎないことを，果たしてだれが実証してみせたであろうか」(佐和 1995：24－25)，と。

しかし，佐和には，歴史法則なり運動法則の科学的な解明という，本来の理論次元で,動揺なり反省が見られるのである。「少なくとも今世紀の前半期を通じて，マルクスの経済学は圧倒的な迫真性と説得力を有していたはずだし，また1970年代の半ば以降，マルクス経済学の迫真性と説得力は，時代文脈の変容のまえに，急速に薄れざるをえなかった」（佐和 1995：18－19），と，認めるのである。問題は，佐和が指摘する時代文脈の変容が，マルクスの理論的諸命題の変更を迫るものなのか，基本構造に瑕疵はないものとして，維持できるものなのかである。市場が万能かどうかで，市場の側にも多くの「市場の失敗」が存在するから，マルクスの理論が有効だ，のような議論で通用できるわけではなく，また，ITの時代の到来という視点で糊塗できるような次元の問題でもなく，もっと真摯に，現実の人間の，迫真性を担保する行動原則の観察に拠らざるをえないのではないかと思われるのである。

(4)　この論稿は，いわばマルクス経済学の方法次元からの自己改造を意図したものである。しかしながら，私自身，はてしない自己矛盾を覚えざるをえないのである。問題は，マルクスの基本命題を批判して，宇野弘蔵の経済学が，正統的なマルクス主義理論の側から，マルクス主義の逸脱であるかのような批判を受けたのと同様に，私の理論的枠組みは，すでに多くの地点でマルクス主義を逸脱していると自己認識している。そうであるならば，もはや，マルクスという固有名詞に拘泥すべきではないのではないかと。基本的命題は，何と何を死守すれば，マルクス経済学に値するのか，疑問なところは多々あるのであるが，たとえば，かなり奔放に，マルクス理論を改造しつつある，今村仁司の場合では，「現代は，依然として資本主義の時代なのである。サルトルがいうのとはちがった意味で，資本主義の根源的批判を企てたマルクスの思想が今でも「のりこえ不可能な」思想であるゆえんである。資本主義の根源的批判とは，経済，政治，文化のすべてにわたって，地球上を席巻しつつある諸種の「資本主義」を批判しつくすまでに徹底化することである。そしておそらく，今後の資本主義批判の主要舞台は「文化資本主義」になるであろう」（今村編 1985：234），と叙述されている。

　無批判的にすべてを容認するというのが，私の研究スタンスであるわけでは決してない。資本主義の根本の欠点は，自分自身の競争状況に盲目的に嵌り込むことだと，現時点では，私は，資本主義批判の姿勢を明確に有している。しかし，人間の行動様式の相対的な一様式にすぎない，利潤をめぐる競争状況は，それのみを諸悪の根源であると断罪するわけにはゆかないような，歴史的背景を有する，人間の，ナチュラルな行動様式の一部を形成するものなのではなかろうか。

(5)　大塚久雄の名著である『社会科学における人間』では，人間を社会科学でどのように想定すべきかについて，次のように興味深い論点を示している。「私は人間類型論という考え方をかなり以前からもっておりましたが，そうした探求の過

程で社会科学における人間の問題は人間類型論をいわば軸としてとらえなければならない，ということをしだいにはっきりと意識するようになってきました」(大塚 1977：10)，と述べられている。人間類型論に多いに学ぶところはあったのではあるが，人間類型論の最大の欠点は，いろいろな類型の人間がいて，この類型の人間がこのような社会を形成した，別の類型であれば，別の社会原理を構築するだろうという決定論にあるわけであって，人間を横軸に区分けしてしまう誤謬をおかすことになる。そうではなくて，同一の人間のさまざまな行動類型が同じ個人にそなわっているという観察の結果から，私の研究は発想されるのであって，理論は，行動様式の自己進化のプロセスを総括するという意味をもつものでなければならないと思う。これは，事実への迫真性の問題であって，大塚のように，さまざまに，人間を類型化することもそれなりの事実への迫真性を有していることを否定するものではない。

(6)　ソ連社会の体制崩壊は，それまでにスターリン主義に対して批判的であったから，崩壊は当然である，崩壊は必然であって，偶然ではない，社会主義は集団型経済ばかりではなく，協同やアソシエ，友愛，共同体の建設，地域通貨構築，ボランティア，などいろいろの可能性がまだ残っているではないか，本当の社会主義のあり方は，これから知恵を出し合って，論じてゆけばよい，という考え方は，じつにもっともであり，私も，生きる希望を喪失した個人の人生が彩色を喪失するように，希望の未来の社会を構想しない社会科学が研究のインセンティブを消滅させるというように，社会主義論の進歩に同感するものである。しかし，本当の社会主義は別にあると，簡単に決着をつけ，今までの社会主義を単純に間違った社会主義として，自己正当化し，批判だけですませない本源的な課題がわれわれにもたらされた。たとえば，杉浦克己は，「ソ連の崩壊が我々に示していることは，マルクスにより示唆された諸々の批判と変革可能性のうち，商品経済を根底的に廃棄するとか，全面的に市場にかえて計画経済化するとかという方向は全く非現実的なものであることが，歴史的な経験であるということである」(杉浦・高橋編著 1995：49) と述べている。問題は，なぜ廃棄が可能という結論をマルクスは出してしまったのか，であり，同時に，なぜ商品経済は人類の経済的ビヘイビアから排除不能なのか，である。杉浦は，人間の，自然発生的な相互交流にその解答をもとめようとするが，その発想は本章と基本的には同一である。なぜならば，交換ビヘイビアは人間の他者との交流の基礎構造だからである。

(7)　裏園宜憲は，ハイエクの考え方を簡潔に紹介している。「ハイエクはここ300余年の間にうまれた何百万もの人々が作用しあう近代社会を「大社会 Great Society」とよび，この自生的秩序の一形態ととらえる。この社会は，部族社会のような小規模な「対面社会 face-to-face society」から個人的行動ルールの進化的選択を経て，他の集団の生存能力と生命力をうわまわる秩序の効率性を獲得して

きたのである。そこでのルールは，秩序の進化過程で反復テストをうけ，特定の事実や効果に言及するものを排除するかたちで整合化されてきた」(裏園 1995：73)，と。制度としての市場は，人間行動の進化のプロセスで，共通のルールとして定着してきたのであり，市場は人類の構築してきた経済の自生的な秩序そのものである。

　裏園の市場と非市場の関係性の議論は，市場が非市場という一種の補完物を必要としたのか，それとも，非市場が自己の補完物として市場を紡いできたのか，という理解の根幹に関わる問題提起をしている。すなわち，「スミスの活動の適宜性，ジンメルの信頼，ハイエクの慣習というように，市場社会には，非市場要素が，偏在している。いうまでもなく経済人の想定は，恣意的な対象設定によりスミスらの考察の核心を切り捨てることになる。市場社会を，市場要素と非市場要素の接合によってなりたつと考え，全体を経済要素を軸としつつ総合的に解明することによって，経済学の限界を突破する市場社会論を構築できよう。そのさいの展開契機は，市場社会の能動要素たる市場要素であり，それが起動力となって受動要素たる非市場要素を紡ぎだし，両者の特有の接合が生まれる。この接合は，市場経済の機構と制度，たとえば貨幣，労働様式，競争様式，金融様式に具体化される」(裏園 1995：77)，とされる。市場が基礎で，市場だけでは無理な部分を，非市場で補完して，現実の経済社会が構築される，というのが能動・受動論を提起する裏園の独自な理論的視点である。しかし，どのような非市場要素を市場の側が利用するのかという因果の関係では，説明がつかなくなるはずである。市場が，過去のさまざまな共同体としての非市場の尾っぽなり残滓を引きずっているから，類型的な市場のバリアントが生まれる，というのが私のこれまでの理解であり，共同体にさまざまな類型があるから，たとえばゲルマン型の金融市場や労働市場の様式をもたらした，というように理解する方がより自然ではなかろうか。人間の行動がより市場的になってゆくという行動比重論的には，市場要素が重くなるが，行動原理の派生を考えるとき，市場はどこから来て，どこにゆくのか，と問うとき，市場のまえに共同体的な人間の行動原理が存在することは，起源論としては間違いないのではなかろうか。ただし，共同体といっても，そこにはさまざまな要因がからみついており，経済学としての共同体論は，主観的な評価を排除しつつ，行為の観察によって，あるいは意識の解明によって，客観的に原理的解明を慎重に進めるべきであろう。

(8)　なお，2004年6月20日に急逝された侘美光彦の追悼記念の企画として，侘美ゼミのかつてのメンバーが中心となって，雑誌『情況』に論文集を掲載する準備が進行し，侘美理論における外部性の処理が世界資本主義論者としての侘美にとっての眼目であったという評価のもとに，論文「侘美理論における商品概念の外部性について」というタイトルで寄稿したものが本章のもとになった論文であ

る。しかしながら，世界資本主義という方法と純粋資本主義という方法との差異性については，外部なのか内部なのかの処理をめぐって，宇野弘蔵の理論をさらに発想の根本から止揚しなければならないと考える。

(9) たとえば，「流通論においても資本家はみずからの資本家的活動を豊富にするために，助手として賃銀労働者を雇い入れるという事態は理論的解明の対象となる」(松尾 1987：157)，と述べた。また，「経営主体が組織する資本家共同体の構成員に組みこまれ」(松尾 1987：156) る存在としての賃銀労働者の位置づけなり，主体性の共同体的同化の問題を明らかにしている。社会主義の労働組織においても，理論上は，共同体の一員としての主体性の発揮が実現できてしかるべきであるが，残念なことに，労働意欲の全面開花にはならなかった。資本主義の企業が，一般的に，無条件に労働意欲の全面開花を実現しえるのかというと，これまた，かならずしもそうではない。えさがぶら下がっているから，馬が走る，貨幣的な報酬が約束されているから，労働者は創意工夫に打ち込める，という単純な議論ではなく，競争での勝利への執念がどのようなインセンティブ創出メカニズムに依存しているかは，共同体の内外の競争要因や名誉・社会的毀誉褒貶の問題を導入しながら，慎重に考察を重ねてゆくべきであろう。なぜならば，成果主義の原理で人間は行動しないのであるから。

(10) 山口 (1985) は，現代のマルクス経済学が，もっとも単純で明快な最低限の前提を置いただけで，理論的に展開される内容を豊富に理論化した最高の到達点だと思われる。しかも，論理の展開の基礎に，商品経済的な人間の意識と行為の観察という，行動論としての方法論をほぼ完成しており，今後は，別の角度から乗り越えるとするならば，仮定を多少，変更してみるというような，基礎的作業が必要ではないかと思われるのである。

(11) これらのテーマと研究業績のすべてを注記する余裕はないのだが，マルセル・モースの「贈与論」を収めた業績として，Mauss (1968 = 1973) を挙げておきたい。担保を提供するという行為，が決闘の申し出となるという論点は，今後，相手を信用するという行為が，人間行動のより深層部分で解明されるきっかけになるかもしれず，アイデアと事実の宝庫として，難解ではあるが，研究対象としての魅力を有している。

■第2章

(1) 交換の原理は利潤の原理と切れているのではないかという問題意識は，たとえば吉沢 (1981) によれば，次のように示される。「交換の端緒に関する二つの見解，一方にはスミス，他方にはマルクスとウェーバーを対比してみると，両者の間の相違は，さしあたり，個人に交換の端緒を設定するか，集団間（共同体間）にこれを設定するかにあるが，……スミスは，交換性向と利己心を切り離して理解し，

交換性向を端緒として一般的なものと考え，これに利己心を重ね合わせて経済的利己心を生み，ホモ・エコノミクスなる人間像に到達した。スミスにおいて，利己心一般が何を背景にして交換性向に結びつけられたか不分明であり，スミス自身意識していなかったかもしれないが，少なくとも交換性向とホモ・エコノミクス論との間には間隙があり，したがって経済的利己心から独立した交換性向の存在を想定させる」（吉沢 1981：26），と。交換の端緒についての解釈は，共同体という人間集団のなかの個人同士の贈与ビヘイビアが端緒となる，というのが本章の主張であり，スミス説ともマルクス説とも異なる見解を提起したい。また，利己心については，これも共同体の内部での個人の利己心が基礎となるというのが本章の立場である。つまりは，利己心とはいっても他人から高い評価を得たいという名誉心・見栄の心情のことであると思われる。では，交換と利己心はどのように接続するのかという問題が難問として残されるが，そこには貨幣のもつ名誉のシンボル・富のシンボル性が介在し，賭けゲームなどで貨幣を目標に競い合い，場合によっては貨幣の集中で共同体の内部での序列上昇がもたらされた，というように考えたい。ただし，交換が身内同士の交換から他人同士の交換に変化すると，利潤動機に冒されうるのか，賭けゲームで金を儲ける行動と商品売買で金を儲ける行動と同質なのか異質なのか，にわかには結論に達し得なかった。

(2) 植村（1997）では，取引という行動と，ゲーム性の内在化が考察されている。
(3) アーノルド・ゲーレンは人間とは相互性，社会性を欲する動物であるとみた。そして，何かを捧げるという行為の意味を深く分析している。「交易には元来，非経済的な面があり，むしろそれが本質的なことである。今日でさえ，一貫した「科学的に純粋な」経済行動の例を見つけることは難しい。物もまた，他のすべての交換可能な「存在価値物」と同様に，始原状況では，相互性の安定器であり，相互性そのものが，とりもなおさず社会的・倫理的生活，意志の疎通，欲求の充足なのである。だから，神々や霊たちとの関係についても同じことが言える」（Gehlen 1975 = 1987：59）。ここでゲーレンが非経済的といっているのは，人間の感情による豊かなコミュニケーションが中心概念なのであって，財のやり取りはそのための手段にすぎないということだと思われる。

　　コミュニケーションこそが社会科学の基礎概念だという論点を提示した研究者に杉浦克己がいる。杉浦（1993）では，「歴史形態としての社会の可能性は，極めて多様・多彩である。実際，人間の社会の起源を群れとか家族に求めるにしても，いずれも極めて多様な「かたち」を展開してきた。霊長類の移動を見ると組織的なものもあるが極めて偶然の道づれのようなものもある。そのなかに共同関係の形成を想定することは困難ではないし，えさ場で寄り集まっているからといって組織的であるとはいえない」（杉浦 1993：290）。杉浦は抽象的に基礎的コミュニケーションがどのようなものか，たとえば贈与なら贈与と特定することを慎重に

も回避して，いくとおりかのパターンで示されるかもしれないと示唆するに留まっている。
(4) 社会学の領域では，贈与ないし交換をキイ概念として幾多の研究成果が挙げられている。たとえば，久慈 (1984) や久慈 (1988)，さらには伊藤 (1995) など多数存在するが，基本的な立場は，贈与の互酬性と市場交換での利己性とは根本が違うという考え方であり，贈与と市場との連続性ないし共通性を分析するという問題意識が欠落しているのである。
(5) 山口 (1992) では，貨幣の奴隷に成り下がった人間像を主体性の観点から厳しく指弾している。「マルクスやメンガーや宇野弘蔵らの貨幣生成論は，貨幣を多くの人々が欲望の対象とするような実質的使用価値をもった商品であるとみる商品貨幣説によって，この堂々回りの一つの断ち切り方を示したのであった。この議論は社会を構成する個人ができるだけ有利な交換を効率的に行いたいという要求をもっていることを前提にしているという意味では，いわゆる経済人を前提にしている」(山口 1992：12)。「これに対して，貨幣の一般理論からすれば，貨幣は人間社会一般に内在的なものであって，経済人に先行する。初めに貨幣ありきなのであり，貨幣をそのようなものとみることによって先の堂々回りを断ち切っているわけであるが，それは同時に人間は貨幣から逃れられないものとみることになっているのである。しかしこれでは余りにも人間の主体性を無視していることにならないのだろうか」(山口 1992：12)。初めに貨幣ありきではなく，やはり人間の贈与ビヘイビアの進化論的展開で貨幣が生まれたと思われるのであるが，貨幣の機能が贈与される財としての実質的な使用価値を有すれば，その社会のエリアのなかでは共通の価値物が貨幣としての財に格付けされるとは考えられないだろうか。貨幣の物神性ないし魔物性の由来を分析することは，ゲームの目的としての貨幣という観点からでも分析できるはずで，人間の深層心理と行動を解明するうえでの重要課題のひとつである。

■第3章

(1) 人間が仮に，モノとの関係における自己利益最大化のみを行動原理とする動物であるとすれば，そのためには，反社会的な行為をしても行動原理の想定の内部だということになり，理論的な次元では許容されることになりかねない。そうだとすれば，そこではモラルが成立しないことになろう。自分の農産物の収穫最大のみを追求すれば，遺伝子組換えも除草剤も化学肥料も使いたい放題の，自己中心主義に陥るだろう。しかし，人間が，家族や隣人や地域共同体の他者との共感を生き甲斐とする行動原理をも合わせ持つ動物だとしたら，他人の共感が得られない自分の立ち居振る舞いについて，なぜ自分が共感の獲得に失敗したのか，共感最大を獲得するにはどうすればよいのか，自問自答し，自省するであろう。こ

れが，社会としての規範の基礎になり，その時代時代，その共同体固有の，タブーなり道徳なりマナーなり法律なりとして，協調的人間社会の基礎構造を構築する担保として作用するのである。われわれは，異国を旅行する場合，まず，現地の貨幣に自分の通貨を両替するわけである。現地でポトラッチするためには，現地の貨幣が必要となるのであるが，その異国で生きようとすれば，その生き方の規範を共感最大化のために，知識として学ばなければならなくなる。しかし，世界が地球規模に交通の発展，マルクスのいうフェアケールの進展が進むとすれば，貨幣の差異性も縮小するであろうし，社会規範の差異性も，マナーの基準も，グローバル・スタンダードへ向かって進むであろう。文化や言語が世界的に共通化することが，いいことだとか悪いことだとかは，ここでは論じない。日本が鎖国のときは，日本国内に関所があって，日本が差異性の集合体であった。それでも人びとは関所を越えて移動した。日本が開国したら，国境を越えて移動するためには，通行手形たる旅券や査証が要求された。それでも人びとは，移動した。ヨーロッパの三十か国弱では，通貨を共通にして，なおかつ，国境事務を廃止しようと合意し，ヨーロッパ共同体（EU：ヨーロッパ連合）が立ち上がった。これは一種の国家統合の実践であって，それでも，どこかに関所としての大きな国境は存在する。言えることは，異国人とのポトラッチが進展する結果，国家連合が形成される趨勢は否定できない，という傾向と，逆に人間集団は国家的な戦争感情も容易には克服できないという事実である。いうまでもなく，戦争感情は負の贈与連鎖による集団競争の現象である。反対に，正の贈与連鎖がうまく拡大すれば，つまりポトラッチを否定しなければ，彼我の共同体はやがて合体するであろうという希望的推測もありうるだろう。

(2) 理論というものは，それが経済学や社会の学や人間の学問体系だと主張する以上，理論としての共通の体裁を保有していなければならないであろう。それは，理論的な体系性の維持であろうし，論理展開の透明性でもあろうし，現実合致性でもあろう。しかしなによりも，理論は，出発点が仮定の束を設定することから始まる性質を有するので，どのような仮定を設定するかにかかっている。現実からの観察による仮定がもっとも現実合致的理論を担保すると思われるが，思想やイデオロギーによる，あるいは規範による仮定設定のそれなりの効力を有する側面も否定できない。なぜなら，分析のための経済学という側面ばかりでなく，どう生きるかを探究する学問としての経済学も長らく意味をなしたのであり，モラル崩壊後の社会には，規範としての生き方としての経済学の意義が要求されると直観されるからである。

(3) 私自身において，経済学・経済理論の方法論や思想的内容を相当に変遷させてきた。まず，貨幣のことで問題にすれば，貨幣がない社会がありうるとすれば，それは理想ではないかと思索していたときに，マルクス主義に出会った。私の思

想の遍歴で言えば，金や貨幣は卑しいもので，廃棄できるかもしれないと思った。これを修正したのが，宇野理論による現実分析の理論としての経済理論という考え方であった。理想が何かを論ずる前に，現実の資本主義社会を客観分析することが重要なのだと。マルクスや博愛主義の理想や宇野理論との出合い，そしてその超克にいたる思索の経緯は，私自身の学問や思想の変遷，毛沢東思想への入れ込み，実践活動の履歴なども含めて，改めて，叙述する機会があると期待する。

■第4章
(1) 「マルクスの剰余価値論を見直す」という論文を発表した大木啓次は，「マルクスは，資本主義的生産を剰余価値の生産として説いている。マルクスの剰余価値論は，彼の資本主義経済論の基幹である」(大木 1993：237)とし，流通における剰余価値の定義と生産における剰余価値の定義を区別して，厳密に把握している。マルクスの剰余価値論はまず，「最初に流通に投げ込まれたよりも多くの貨幣が，最後に流通からひきあげられる」さいのその増加分として定義されたと指摘する。しかしこれは，マルクスのゼロサムゲーム的な流通理解では，偶然の結果としての剰余にしかすぎない。そこで労働の価値と労働力の価値との違いにこそ剰余価値の発生の秘密があるというマルクスの剰余価値研究を丹念に跡づけ，マルクスの手品の成功を次のように批評する。「マルクスは，「手品はついに成功した」というけれど，言ってしまえば，一日の労働時間の生みだす価値なるものを，はじめから労働力の一日分の価値なるものよりも大きく仮定し，前者から後者を引き算すれば差額がでるようにしておいて，その差額ができたから剰余価値が生産されたと主張するだけのことである。全部が仮の話，例えのうえだけの話であり，手品ともいえないシロモノだろう」(大木 1993：240-241)と手厳しく批判する。これはマルクスの論理の構造を的確に把握している。しかし，仮定が有効か無効かという議論に踏み込んでいないので，本質的な批判としては不十分である。剰余と必要の関係をさらに考察する課題が残されているのではなかろうか。
(2) 必要な財は自分たち自身で消費し，残った剰余財を物々交換に提供するという剰余交換の理論的前提についても，必ずしも十分な議論が重ねられたともいえない。本来はこの論点にも考察を傾けたかったが残念ながら次の機会に譲ることにしたい。すなわち，次なる課題として，交換に提供されるのは剰余生産物ではなく，必要生産物であるという命題をうち立てて，それをさまざまな角度から検討してみたい。交換で得られた財は，生きるうえでも必要だったのである。あるいは贈与がなければ生存もできないばかりでなく，人と人との関係性が構築できないことになるのではなかろうか。すなわち，交換される財は贈与される財でもあり，贈与される財は，自分たちにとっての，その意味での必要財であるという問題に議論を集約したかったのだが，論理展開は十分にはできなかった。ここでは

とりあえずの課題としての階級社会論批判で終始した。剰余の必要化にはそれだけの理論の重みが存在したのである。

■第5章
(1) 宇野弘蔵の世代を，第一世代と呼ぶならば，宇野弘蔵自身を含め，鈴木鴻一郎や大内力，などの錚々たる経済学者が名を連ねるであろう。第二世代は，昭和一桁生まれの宇野弘蔵のゼミナールに集ったメンバーであろう。その経済学者は，東大，東北大，法政大，和歌山大などで多くの研究者を育成してきた。いわば，その孫弟子の世代が，現在，四十歳代から五十歳代にかけての，宇野第三世代の研究者グループと言うべきであろう。この第三世代の研究グループは，毎年春と夏の二回にわたって，八王子の大学セミナーハウスに集い，合宿を行ない，議論をかさねて，ＳＧＣＩＭＥという研究会を組織し，シリーズものの出版を企画・実践している。十数冊になろうと思われるその企画の名称は，「マルクス経済学の現代的課題」であり，とりわけ，世界経済のグローバリズムを共通テーマにして，御茶の水書房から，現在，五－六冊を出版している最中であり，私も理論グループで，執筆に参加している。
(2) 侘美が発表した原論関係・世界資本主義関係の諸論文は，主に，東京大学経済学会の紀要『経済学論集』において掲載され，のちに，『世界資本主義』に纏められた。筆者の手元にある，侘美論文を時系列で整理すると，以下のようになる。
① 「資本循環論（1）――『資本論』第2巻第1篇をめぐって――」『経済学論集』37巻3号，1971年10月。
② 「資本循環論（2・完）――『資本論』第2巻第1篇をめぐって――」『経済学論集』37巻4号，1972年1月。
③ 「純粋資本主義と世界資本主義」『経済学論集』42巻2号，1976年7月。
④ 「『資本論』体系と世界資本主義論」『経済学論集』44巻3号，1978年10月。
⑤ 「『資本論』体系と世界資本主義論（2）」『経済学論集』44巻4号，1979年1月。
⑥ 「『資本論』体系と世界資本主義論（3・完)」『経済学論集』45巻1号，1979年4月。
ここで，1970年と1971年の論文「帝国主義論の方法」（1）（2），『経済学論集』，を加え，「資本循環論」を除外して，1980年1月に日本評論社から『世界資本主義』と題して著書が出版される。これにたいして，すぐに，藤川昌弘が，論壇「『世界資本主義』――侘美光彦の新著をめぐって――」を1980年10月に，同紀要，46巻3号に掲載する。現状分析と理論研究の緊張関係が今後の課題だと評される。
⑦ 「原理論の法則と段階論の「法則」――大内力教授『経済学方法論』をめぐって」『経済学論集』46巻4号，1981年1月。

⑧「原理論の法則と段階論の「法則」(2・完)——大内力教授『経済学方法論』をめぐって」『経済学論集』47巻1号，1981年4月．
⑨「分析基準としてのマルクス恐慌理論」『経済学論集』49巻3号，「マルクス没後100年特集」，1983年10月．

■第6章

(1)　内山(1997)において，マルクスにも継承されたであろう，貨幣廃絶の主張が紹介されている。モーゼス・ヘスの「貨幣体論」のエッセンスは，マルクス主義の根本思想となるだけでなく，貨幣のもたらす害毒として，近代思想の共有財産ともなる。国家の死滅と貨幣の死滅は，理想の社会のメルクマールとして，われわれの社会主義思想の奥に根付いているイデオロギーである。その自己克服のためにも，貨幣は考察されねばならない。

　マルクス経済学の原理論で，労働力が商品化されるのが問題とされるのも，本来貨幣と交換すべきでないという，ヘスの主張に沿って理解すれば，納得がゆく。そこで，貨幣の起源を再考することは重要なこととなる。ヘスの貨幣廃絶論は貨幣中心の社会を批判する。すなわち，「近代社会では誰もが「奴隷」になった。自分自身を貨幣と交換することによって，あるいはすべての価値を貨幣量で測る擬制を受け入れることによってである。なぜ人間たちはそのような行動をとるのか。それは，近代社会のもとでは，人間が有機的な「類」の一員として存在することができず，孤立し，それゆえに利己的な商人として暮らしているからである。この孤立した利己的な個人は，自分自身を，自分が生存するための手段として売りにだす」(内山 1997：154)，と。

　貨幣は貨幣だから貨幣として流通するのだという議論は，山口重克によって，商品貨幣論の立場から批判されることになるが，山口重克は，ヘスと同様に，貨幣中心の人間社会批判を展開する。すなわち，「マルクスやメンガーや宇野弘蔵らの貨幣生成論は，貨幣を多くの人々が欲望の対象とするような実質的使用価値をもった商品であるとみるいわゆる商品貨幣説によって，この循環論の一つの断ち切り方を示したのであった。この議論は社会を構成する個人ができるだけ有利な商品交換を効率的に行ないたいという要求をもっていることを前提にしているという意味では，いわゆる経済人を前提にしている。／これにたいして，貨幣の一般理論からすれば，貨幣は人間社会一般に内在的なものであって，経済人に先行する。初めに貨幣ありきなのであり，貨幣をそのようなものとみることによって先の循環論を断ち切っているわけであるが，それは同時に人間は貨幣から逃れられないものとみることになっているのである。しかしこれでは余りにも人間の主体性を無視していることにならないのだろうか」(山口 2000：311)，と。貨幣が人間を奴隷にするというヘスの社会批判と一脈通ずるような，本来の人間は，

貨幣と無縁であった，という主張である。

　それでは，貨幣が消滅すれば，人間を動かす動機は何になるのか。命令は動機になる。しかし，集団主義的命令で，逆に，人間の主体性は喪失してゆくことにならないだろうか。貨幣を共同体固有とみなす見方は，人間社会の細部の観察からでも，実証的に証明できるのではないだろうか。

(2)　マルクスは，貨幣を，外的な物体が人間を支配する疎外体という観点を示した。「貨幣はそれ自身商品であり，だれの私有物にでもなれる外的な物である。こうして，社会的な力が個人の個人的な力になるのである。それだからこそ，古代社会は貨幣をその経済的および道徳的秩序の破壊者として非難するのである。すでにその幼年期にプルトンの髪をつかんで地中から引きずりだした近代社会は，黄金の聖杯をその固有の生活原理の光り輝く化身としてたたえるのである」(Marx 1867-94, I : 146-147)，と。このように，社会の現状のシステムを非難すれば，人間社会は安定性を欠く。つまり，信頼に耐えうる別のシステムを模索しなければならなくなるからである。

　佐伯啓思は，「社会の秩序の基底にあるものは，人間間の，そしてシステムに対する「信頼」と言ってよいだろう」(佐伯 2000：31)と述べる。信頼の根拠は，人間の歴史的な伝統に合致しているか否かにかかってくると思われる。そのような社会の仕組みこそが，人間生活にとっての心地の良い原理なのである。

(3)　貨幣素材の多様性を経済学原理の論理次元で解明しようという意図のもとに，小幡道昭は，貨幣に対して価値表現するということをまず交換要求行動の論理次元で設定する。また同様に，貨幣と並列に，「貨幣商品の量によって表示された債務というかたちで独立させることもできる。いわばリンネルの値札の裏は，債務証書IOUになっているわけである」(小幡 2006：20)と述べて，金貨幣と，金貨幣に対する債務証書である信用貨幣はパレレルで等価形態に立ちうるという主張を展開した。このようにして，資本主義社会は原理的にも，貨幣の多態性を内包したものであると明らかにする。しかし，制度移行の論点なくして，貨幣の素材が初めから多様であるというのは，論証不足ではないだろうか。金素材が貨幣であるとき，人はリスキーな信用貨幣を選好するわけはないのであるから。なぜ金素材を資本主義で維持できなくなるのか。貨幣として圧倒的に不足感が発生するから，社会制度は，次なる共同体貨幣を登場させるのである。制度移行の問題と貨幣制度の変遷については，商業手形の発生根拠の問題として，改めて研究の課題となろう。

(4)　吉沢英成は，「人々が貨幣だと思うから貨幣でありうる」，「この思い思わせる関係の根底には象徴の型式がある。集合表象としての貨幣とはこの型式のあらわれだということである」，「貨幣は経済の手段なのではなく，むしろ経済の方が貨幣を前提にして，貨幣のもとでなされる物質代謝の営みである。それが象徴を操る

動物である人間にとっての基本的なすがたである」,「人間は貨幣からは逃げられないのである」(吉沢 1981：1-2) と述べて,『貨幣と象徴』という著書の冒頭をかざる。吉沢の目的意識は,この著書の副題に示されるとおり,「経済社会の原型を求めて」であり,私も同じ問題意識を共有している。ただ,象徴という貨幣論の本来の問題意識に加えて,人間同士の関係の作り方,貨幣の素材変遷の説明原理などを,追加的な課題とした,という点が多少異なるのである。贈与との関係で貨幣を把握したいというのが本章の主張であり,その意味では象徴的な記号的財が貨幣なのだという点では,基本的に一致する。

(5) 贈与をしたいという欲求と,だれかの所有物を欲しいという贈与要求は,ともに負い目を残す関係としては同じだが,贈与をすれば,相手に負い目を負わせるのに対して,贈与を要求する行為は,自分に自分が積極的に負い目を背負い込む結果となる。市場行為に発展するであろう贈与ビヘイビアは,贈与をしたいという人間よりも,贈与を他人に要求したいという,欲しがる人間を共同体のなかから,自然発生的な行為連鎖のなかで抽出してこなければならない問題であると思える。その場合に,即座に反対贈が完了すれば,負い目は残存せずに,ドライな市場における交換の成立となろう。

(6) 杉浦克己は,人間と人間がコミュニケーションをパターン化させることで,社会の制度を人間の内部に形成するというきわめてユニークな論点を提起した。家族共同体が人間の共同体の原基形態であることは明白であるが,その家族のなかでも,母親と乳飲み子の社会関係が,機軸を形成する。社会の認識は,乳飲み子にとっては,外界の認識であり,したがってまた,言語の修得でもある。「もともと本能的行動も,ひとつの行動パターンを形成し……「かたち」に結合してその意義を持つ」(杉浦 1993：135) と述べた杉浦は,本能から開始した人間ビヘイビアがやがて,社会的統合の行為パターンの原型を形成すると指摘する。欲しがる,という行為は,生きたい,という動物本能から由来するもので,やがて,言葉が母から子へ,子から母へと交換・伝授され,共同性が関係付けられてゆく。贈与にも謝礼の言語がともなう,母から子へは,母乳とともに愛の贈与であり,世代が代われば,その赤子が今度は母親の役回りをすることになろう。

(7) 日高普は,マルクスの貨幣論の内在的問題点を指摘し,「鋳貨はさまざまな制度に支えられている」(日高 1994：122),「純粋資本主義の理論なのだから,租税,国家権力,そしてそれらに支えられている制度にふれるべきではないという見解は成り立つであろう。しかしもそうだとしたら経済原論で鋳貨をあつかうべきでないという見解に結びつくのであって,経済原論で鋳貨を展開しながら制度には一切ふれないですますというわけにはいくまい」(日高 1994：122),と述べ,宇野原論の制度論考察の「いい加減さ」(日高 1994：123) を鋭く批判するのである。制度や共同体を射程に入れた理論の組み換えが原理論研究者の急務であり,

純粋資本主義の純粋の部分が検討されるべきであろう。

■第7章
(1) 松尾(1987)を参照せよ。このなかで,たとえば,「資本家的活動を豊富化するために,助手として賃銀労働者を雇い入れる」(松尾 1987:157)と述べたり,「ある資本家が他の資本家と結合してひとつの資本家共同体を形成し」(松尾 1987:155)という叙述を行なっている。これは,個人から出発して,個人では限界のある分業・協業メリットを享受するために,資本主義の原理のもとで,他人とのパートナー・シップを追求する,という論点である。これとは別に,人間はすでに,共同体を形成しているところから,企業理論を構築できないか,というのが,本章で明らかにした問題意識なのである。

参 考 文 献

Braudel, Fernand, 1975, *Les Structures du Quotidien : Le Possible et L'impossible*, Librairie Armand Colin, Paris.（= 1985, 村上光彦訳『日常性の構造』I-1〈物質文明・経済・資本主義15-18世紀〉みすず書房）

Gehelen, Arnold, 1975, *Urmensch und Spätkultur, Philosophische Ergebnisse und Aussagen*, Aula-Verlag GmbH.（= 1987, 池井望訳『人間の原型と現代の文化』〈叢書・ウニベルシタス〉法政大学出版局）

Harris, Joseph, 1757-58, *An Essay upon Money and Coins*, 2 parts.（= 1975, 小林昇訳『貨幣・鋳貨論』〈初期イギリス経済学古典選集〉東京大学出版会）

日高晋, 1994『マルクスの夢の行方』青土社。

Hume, David, 1748, 'Of Original Contract'.（= 1968, 小西嘉四郎訳「原始契約について」大槻春彦編『ロック　ヒューム』〈世界の名著〉中央公論社, 所収）

今村仁司編, 1986『資本主義』〈ワードマップ〉新曜社。

伊藤幹治, 1995『贈与交換の人類学』筑摩書房。

岩田弘, 1964『世界資本主義』未来社。

久慈利武, 1984『交換理論と社会学の方法——理論社会学的アプローチ』新泉社。

久慈利武, 1988『現代の交換理論』新泉社。

Locke, John, 1689, *Two Treatises of Government*.（= 1968, 宮川透訳『統治論』大槻春彦編『ロック　ヒューム』〈世界の名著〉中央公論社, 所収）

松尾秀雄, 1987『所有と経営の経済理論』名古屋大学出版会。

松尾秀雄, 1992「市場＝商品経済と共同体の相互補完の構造について」山口重克編『市場システムの理論——宇野弘蔵の三段階理論との関連を手掛かりに』御茶の水書房, 所収。

松尾秀雄, 1996「交換の原理と共同体」川村哲二編『制度と組織の経済学』日本評論社, 所収。

松尾秀雄, 1999『市場と共同体』ナカニシヤ出版。

村上和光, 2007『資本主義国家の理論』御茶の水書房。

Marx, Karl, [1857 - 58] 1953, *Grundrisse der Kritik der Politischen Oekonomie*, Dietz Verlag, Berlin.（高木幸二郎監訳『経済学批判要綱』大月書店, 第一分冊1958；第二分冊1959）

Marx, Karl, ［1867‐94］1964, *Das Kapital.*, Dietz Verlag, Berlin（＝ 1968, マルクス＝エンゲルス全集刊行委員会訳『資本論』全五冊, 大月書店）

Mauss, Marcel, 1968, *Sociologie et Anthropologie*, 4th ed.; Presses Universitaires de France.（＝ 1973, 有地亨・伊藤昌司・山口俊夫訳『社会学と人類学』第 1 巻, 弘文堂）

中岡哲郎, 1993「私にとってのマルクス主義」『経済評論』42 巻 5 号, 日本評論社, 所収。

西部忠, 2004「グローカル通貨「Q」——オルタナティブな市場経済のためのカウンター・メディア」『ピープルズ・プラン』18 巻, ピープルズ・プラン研究所, 所収。

小幡道昭, 2006「貨幣の価値継承性と多態性——流通手段と支払手段」『経済学論集』72 巻 1 号, 東京大学経済学会, 所収。

小幡道昭, 2008「純粋資本主義批判——宇野弘蔵没後 30 年に寄せて」『経済学論集』74 巻 1 号, 東京大学経済学会, 所収。

大木啓二, 1993「マルクスの剰余価値論を見直す」『経済評論』42 巻 5 号, 日本評論社, 所収。

大塚久雄, 1977『社会科学における人間』〈岩波新書〉岩波書店。

Polanyi, Karl, 1957, *The Great Transformation : The Political and Economic Origins of Our Time*, Beacon Press.（1975, 吉沢英成他訳『大転換——市場社会の形成と崩壊』東洋経済新報社）

佐伯啓思, 2000『貨幣・欲望・資本主義』新書館。

Sahlins, Marshall, 1972, *Stone Age Economics*, Aldine Publishing Co.（1984, 山内昶訳『石器時代の経済学』〈叢書・ウニベルシタス〉法政大学出版局）

佐和隆光, 1995『資本主義の再定義』〈21 世紀問題群ブックス〉岩波書店。

重田澄男, 2002『資本主義を見つけたのは誰か』桜井書店。

Smith, Adam, 1776, *An Inquiry into the Nature and Causes of the Wealth of Nations.*（1968, 玉野井芳郎他訳『国富論』大河内一男編『アダム・スミス』〈世界の名著〉中央公論社, 所収）

杉浦克己, 1993『コミュニケーションの共同世界——相関社会科学序説』東京大学出版会。

杉浦克己・高橋洋児編著, 1995『市場社会論の構想——思想・理論・実態』社会評論社。

鈴木鴻一郎, 1962『経済学原理論』下巻〈経済学大系〉東京大学出版会。

植村高久, 1997『制度と資本——マルクスから経済秩序へ』御茶の水書房。

宇野弘蔵, [1950] 1973『経済原論』『宇野弘蔵著作集』第1-2巻, 岩波書店。
宇野弘蔵, [1950] 1964『経済原論』〈岩波全書〉岩波書店。
宇野弘蔵編, 1967-68『資本論研究』第1-5巻, 筑摩書房。
裏園宜憲, 1995「市場経済と人間存在」杉浦・高橋編著『市場社会論の構想』所収。
内山節, 1997『貨幣の思想史——お金について考えた人びと』〈新潮選書〉新潮社。
侘美光彦, 1980『世界資本主義——『資本論』と帝国主義論』日本評論社。
山口重克, 1985『経済原論講義』東京大学出版会。
山口重克, 1992『経済学・人間・社会』時潮社。
山口重克, 2000『金融機構の理論の諸問題』御茶の水書房。
山口重克編, 2004『市場経済——歴史・思想・現在』(新版) 名古屋大学出版会。
吉沢英成, 1981『貨幣と象徴——経済社会の原型を求めて』日本経済新聞社。

人名索引

ア 行

伊藤誠　　*iv*, 90, 92
伊藤幹治　　142
今村仁司　　135, 137
岩田弘　　92, 98, 99
ウェーバー　　140
植村高久　　141
内山節　　146
宇野弘蔵　　*iv*, 11, 16, 25, 38, 39, 61, 68, 76, 78, 79, 86, 103, 115, 128, 137, 145
裏園宜憲　　138, 139
エンゲルス　　58-61, 79, 80
オーエン，ロバート　　135
大木啓次　　144
大塚久雄　　137
小野英祐　　*iv*
小幡道昭　　92, 147

カ 行

久慈利武　　142
クルーソー，ロビンソン　　43, 44, 63
ゲーレン，アーノルド　　141

サ 行

佐伯啓思　　147
櫻井毅　　*iv*, 90
サーリンズ　　30
佐和隆光　　136, 137
サン・シモン　　135
重田澄男　　135
杉浦克己　　138, 141, 148
鈴木鴻一郎　　92, 97, 145
スターリン　　138
スミス，アダム　　51, 52, 54, 55, 61, 62, 69, 105, 114, 116

タ・ナ 行

高橋洋児　　138

侘美光彦　　*iv*, 12, 13, 90-97, 100-104, 139, 145
中岡哲郎　　70
西部忠　　8

ハ 行

ハイエク　　138
ハリス，ジョウゼフ　　110-112
春田素夫　　*iv*
日高晋　　148
ヒューム　　45-47, 49
フライデー　　44
フーリエ　　135
プルードン　　*iii*
ブローデル，フェルナン　　20-22
ヘーゲル　　29
ヘス，モーゼス　　146
ポランニー，カール　　22-24, 33
ポル・ポト　　*iii*, 5

マ 行

松尾秀雄　　29-31, 122, 128, 140, 148
マルクス，カール　　*iii*, 13, 14, 16, 25-29, 37, 41, 43, 51, 58-62, 70, 71, 73-77, 86, 106-109, 112, 113, 117-123, 125, 126, 129, 130, 137, 147
村上和光　　38
メンガー　　142
モース，マルセル　　33, 49, 140
桃太郎　　48

ヤ・ラ 行

山口重克　　*i*, *iv*, 16, 39, 71, 76, 79-86, 90, 101-103, 131, 140, 142, 146
山本二三丸　　79
吉沢英成　　140, 141, 147
リカードー　　62
ルソー　　62
レーニン　　*i*, *ii*

153

ロック，ジョン　42, 43

事項索引

ア　行

愛情　50
アウタルキー　5, 80
商われる品　89
イギリスの経験論哲学　44
一般的等価物　108
イデオロギー　3, 11, 25, 69, 86, 118
インセンティヴ　138
宇野理論　38
　──体系　35
負い目　148
　──のコミュニケーション　57

カ　行

階級　14
　──社会論　14
　──序列　15
　──闘争史観　84
開口部　92, 95
会社主義の理論　68
外部市場　34
外部性　91
科学的社会主義　88, 117
賭けゲーム　31, 127, 141
仮説の体系　136
家族共同体　24, 26, 50, 84, 95, 133
家族の形成　116
家族の問題　131
価値尺度機能　108
価値の姿態変換・増殖運動体　120
活動単位　123
金儲け　89, 117
株式会社　92, 118, 120, 121, 129, 131
株主総会　129, 133
貨幣　ii, iii
　──の性格としての物神性　58
　──の素材変遷理論　25
　──の廃絶　105
環境破壊　8
カンパリ　14
義　57
機械制大工業　3
企業　14
　──共同体　129
貴金属貨幣　25
帰属意識　33
機能資本家と所有資本家の両極分解　120
ギブとテイクの連続行為　67
共感　16, 67
　──を生き甲斐とする行動原理　142
共産主義思想　58
競争　16, 119
　──意識　16
　──の起源　17
競争的な贈与　48
協働　102
協同組合　7, 8, 125, 129
共同経営主体　133
協同社会　135
共同体　iii, 109, 112, 113, 115, 131
　──貨幣　147
　──至上主義　68
　──と共同体の隙間　25
　──内競争　133
　──内部の人間関係　78
　──の外部　91
　──の原基形態　148
　──の行動原理　14, 124
　──分解説　98
共同体的行動原理　29
共同体的な行動様式　39
共同体的人間関係　63
義理や人情　58
繰り返し贈与の連鎖　40

グローバリゼーション　8, 60
経営活動　120
経営主体　129
　——が組織する資本家共同体　140
　——の交代　133
経済人　114, 123
経済の自生的な秩序　139
芸術家の労働　84
結合資本　123
ゲーム　i, 7, 118, 128
　——性　30, 34
　——の目的としての貨幣　142
　——のルール　65
言語の習得　148
原始共産制　109
原始共同体　109, 113
原始契約　46
現代のポトラッチ　113
広域共同体　15
　——形成の理論　68
行為パターンの原型　148
交易　141
交換　17
　——活動　7
　——活動主体　115
　——原理　22, 23
　——行為　49
　——性向　140, 141
　——の発生　26
　——の本質　86
工場制手工業　55
交通の拡大　59
行動基準　17
行動原理としての経済理論　17
行動主体　129
行動様式の自己進化　138
行動類型　138
行動論的アプローチ　37, 52
効用最大原理　41
国際標準化や世界言語　60
国家共同体　116
　——の起源　47
個人主義の社会　122
コミュニケーション　ii, iii, 9, 20, 67, 89
　——・ツール　113

　——満足最大行動原理　40, 61
婚姻儀式での契約　50
婚姻による夫婦の共同体　50

サ　行

搾取論　34
産業資本家　75
三大階級　100
ジェンダー　17
指揮監督労働　75
自己の幸福最大　47
自己利益最大化　142
市場交換型のビヘイビア　67
市場社会　139
　——主義　7
市場と共同体　22
市場と非市場の関係性　139
市場の起源　25
市場の社会制度　124
自生的秩序　138
氏族共同体　116
失業者　132
自分に有利な交換条件　65
資本家的活動　81, 140, 149
資本家的な人間行動　21
資本家の行動様式　10
資本家の指揮監督　13
資本家の定義　117
資本主義　3, 84, 91, 103, 121
　——社会概念の有効性　36
　——という言葉　135
　——と社会主義　69, 70, 88
　——批判　137
　——純粋　19, 90, 100, 112
資本主義的市場での生き残り競争　130
資本主義的生産の部分的性格　101
資本主義的生産様式　13, 119, 121
資本主義的な市場　23
資本の増殖運動　122
資本の論理　38
『資本論』　10, 58, 69, 118
社会科学　19, 20
　——の基礎概念　141
社会学　19
社会契約　62

事項索引　155

社会主義　4, 9, 32, 69, 91, 121, 131
　──市場経済　15
　──の呪縛　36
社会主義的共同体　68
社会主義的計画経済　4
社会主義的集団所有制度　126
社会体制理論　126
社会的交換　51
社会の原理　131
社会編成発展史観　21
弱肉強食の力による征服の歴史　50
奢侈財・必要財　84
周期的景気循環　99
自由市場　10, 11
自由主義段階の純化傾向　100
集団主義の社会　122
自由な個人のアソシエ　41
重農主義　55
主従共同体　48
守銭奴　105
種族共同体　26
主体性の回復　11
純化傾向　100
純粋な状態　20
商業社会　114
象徴貨幣　110
商人的な利潤追求ビヘイビア　123
商人の活動　133
消費的自己満足行為　64
商品貨幣　25
商品経済的な行動原則　39
商品形態の歴史性　96
商品の起源　25
商品の二要因　79
商品のモジュール化　60
賞与　67
剰余価値　32
　──率　73
剰余生産物　78
剰余と必要　71
剰余労働　32
助手として賃銀労働者　140
所有　26
　──意識　128
　──客体　64

　──の意識　50
　──の観念　133
「自立性」の論証　90
人工的社会構築　9
新古典派経済学　136
新制度学派　119
シンパシー　116
人民公社　5, 10
人類中心主義史観　53
人類学　17
人類の岩盤　33
数学的方法　136
成果主義の原理　140
制度としての市場　139
正の贈与・負の贈与の理論　48
政府　46
世界貨幣論　96
世界恐慌　ii
世界資本主義　90, 92, 100
世界の工場　55
世代の再形成　84
石器時代　125
ゼロサムゲーム的な流通理解　144
戦士共同体　28, 48
戦争　118, 124
占有　26
相互扶助　i, 4, 104
贈与　iii, 16, 66, 87, 142
　──概念　24
　──慣行　135
　──行為　112
　──行為の亜種　103
　──交換コミュニケーションの原理　132
　──懇願　48
　──と贈与の連鎖　56
　──の応酬　113
　──の互酬性　142
　──論　140
　──論的解釈　49
ソシエテ　14
組織原理　130
租税　113
ソビエト　69
ソ連の崩壊　138

タ 行

対面社会　138
兌換銀行券　106
多原理・重層構造の社会把握　23
多原理性　20
他人との接触様式　44
担保の提供　17
地域共同体　142
地域通貨　7, 8
中央集権　8
鋳貨形態　107
鋳貨論　113
中国　9, 11, 126
　——の文化革命　68
紐帯　60, 109
賃銀という報酬　102
ティヴ族　31
ディンカ族　30
同一労働同一賃銀の原則　104
投機　123
統合のシンボルとしての貨幣　113
道徳　143
道徳的秩序の破壊者　147
特殊歴史的な資本主義　93
独占資本　124
奴隷　15, 77

ナ 行

内部市場　34
内面化論　94, 96, 97
日本的経営　68
日本の民話　66
人間行動の全体像　38
人間行動の普遍性　36
人間コミュニケーション様式の行動原理　9
人間集団と自然界の贈与交流　56
人間と自然との物質代謝プロセス　56
人間と自然とのポトラッチ　53
人間の結合と資本の結合　127
人間の行動様式　15, 132
人間の集団性　14
人間の自由な結合体　61
人間の心性　34
人間の深層心理　142
人間の贈与ビヘイビアの進化論的展開　142
人間の普遍的な行動原則　52
人間の本質　20
人間の連帯原則　41
人間類型論　138
ヌエル族　30

ハ 行

花嫁代償　30
母親と乳飲み子の社会関係　148
パラダイム　iv, 19
反対贈与　24, 64
万物の共通の母である自然　42
ヒエラルキー的共同体　123
非資本主義的な要素　95
ビヘイビア論　90
必要労働時間・剰余労働時間　72
ファシリティーズ　64
フェアケール　58, 143
不確定　120
復讐原理　48
物質代謝の営み　147
物々交換　27, 110, 111
負の贈与　iii, 56
　——連鎖　iv, 48
不払労働　75
普遍性　16
普遍的贈与財　113
普遍的贈与手段としての貨幣　112
ブラック・マーケット　25
古い行動原理　66
文化資本主義　137
分化・発生論　90
ヘスの貨幣廃絶論　146
封建的社会形態の解体　62
封建的主従共同体　116
冒頭商品　12, 13, 25
方法論的個人主義　41
暴力の勝負　29
ポトラッチ　iii, 30, 48, 49, 64, 66
　——相手の登場　60
　——をする労働者　67
ポトラッチ的贈与競争　57

ポトラッチ的な美徳　66
ホモ・エコノミクス　141
ボランティア　138

マ・ヤ 行

マナー　143
マニュファクチュア　55
マネーゲーム　56
マルクス経済学　35, 69, 86, 87
身内の店　39
三つの原理　22
無限の貨幣蓄積衝動　58
無限の欲望　58
名誉追求的競争行為　52
毛沢東主義　144
物と物との交換関係　98
桃太郎伝説　48
欲望充足　24
ヨーロッパ共同体　143

ラ 行

利己心　140
利子生み資本　118
利潤成果分配論　32
利潤追求型共同体　133
利潤追求・金儲けの行動様式　7
利潤動機　23
利潤率極大化の資本家的行動様式　58
利潤率をめぐる競争機構　90
理想共同体　67
理想社会　i, 25, 122
リーダーを目指す人間競争　133
流通形態論　29
流通主体　115
流通論　140
ルール　118, 129, 139
歴史貫通的　21
歴史発展の動力　58
労働意欲　140
労働価値説の証明　71
労働者の主体性　11
労働日概念　71, 73
労働編成　81
労働力商品の売買　13, 102

【初出一覧】

第1章 「行動原理としての経済理論――連続性と非連続性」(『名城論叢』第5巻第4号,名城大学経済・経営学会,2005,所収)

第2章 「経済学の原理像の転回――経済理論の広義化のための方法的試論」(小幡道昭他著『資本主義原理像の再構築』御茶の水書房,2003,所収)

第3章 「交換性向とは何か」(『名城論叢』第1巻第3号,名城大学経済・経営学会,2001,所収)

第4章 「経済理論における剰余と必要」(『名城論叢』第2巻第3号,名城大学経済・経営学会,2002,所収)

第5章 「侘美理論における商品概念の外部性について」(『情況』第三期第6巻6/7月号,情況出版,2005,所収)

第6章 「共同体と象徴貨幣」(小幡道昭・青才高志・清水敦編『マルクス理論研究』御茶の水書房,2007,所収)

第7章 「企業の理論の形成のために――利潤追求活動と共同体の共存理論の構築」(木立真直・辰馬信男編著『流通の理論・歴史・現状分析』〈中央大学企業研究所研究叢書〉中央大学出版部,2006,所収)

■著者略歴
松尾秀雄（まつお・ひでお）
　1952 年　長崎市に生まれる。
　1976 年　東京大学経済学部卒業。
　1986 年　東京大学大学院経済学研究科博士課程修了。
　現　在　名城大学経済学部教授：経済学博士（1986 年）。
　著　書　『市場と共同体』（ナカニシヤ出版，1999 年），『所有と経営の経済理論』（名古屋大学出版会，1987 年），『マルクス理論研究』〔共著〕（御茶の水書房，2007 年），『資本主義原理像の再構築』〔共著〕（御茶の水書房，2003 年），『東アジア市場経済：多様性と可能性』〔共著〕（御茶の水書房，2003 年），『市場経済』〔共著〕（名古屋大学出版会，1994 年），『市場システムの理論』〔共著〕（御茶の水書房，1992 年），『世界恐慌と国際金融』〔共著〕（有斐閣，1983 年），他。

共同体の経済学

2009 年 3 月 25 日　初版第 1 刷発行

著　者　　松尾秀雄
発行者　　中西健夫

発行所　株式会社　ナカニシヤ出版
〒 606-8161 京都市左京区一乗寺木ノ本町 15
TEL（075）723-0111
FAX（075）723-0095
http://www.nakanishiya.co.jp/

© Hideo MATSUO 2009　　　　印刷・製本／亜細亜印刷
＊乱丁本・落丁本はお取り替え致します。
ISBN978-4-7795-0244-6　Printed in Japan

市場と共同体
松尾秀雄

従来のマルクス経済学の「資本主義 vs. 社会主義」という概念枠組みを批判し、現実の経済活動における共同体的なビヘイヴィアを考察、新しい理論の構築を目指す。 四四一〇円

商業資本論の射程
――商業資本論の展開と市場機構論――

清水真志

従来比重の小さかった商業資本論を、市場機構論の全体の基軸へと移し変えることで新たな議論を進め、マルクス経済学の原理論体系の真価を問う斬新な試み。 三九九〇円

市場経済と価値
――価値論の新機軸――

飯田和人

価値の質的分析から価値を商品世界を構成する人々の社会的関係と捉え直し、従来の価値論を超える関係主義的な価値概念を大胆に提示した、著者会心の作。 五〇四〇円

経済学の知恵
――現代を生きる経済思想――

山﨑好裕

経済学の巨人たち24人の生涯と思想を分かりやすく解説。その中から現代経済を捉える複眼的な思想と独自の視点を提供する、コンパクトな経済学入門。 二五二〇円

経済学者に騙されないための経済学入門

高増明・竹治康公 編

「経済学って何?」「経済学者って何をする人？」そんな素朴な疑問に、一番分かりやすく、そしてもっとも刺激的に挑発的に答える経済学入門書。 二九四〇円

表示は二〇〇九年三月現在の税込価格です。